Beladen huis is het relaas van een vrouw na het overlijden van haar man. Na zijn dood dringt tot haar door dat hun huis overwoekerd is geraakt met [illegible]llen en zwaarmoedigheid. Terwijl zij de kamers opruimt, [illegible] in haar gevoelens voor hem. Z[illegible] zij ooit was en begrijpen [illegible]oals het is gelopen. Herinn[illegible] van het verleden wordt z[illegible]wer-king gaan hand in hand. [illegible]moir over de ruimte die je inneemt in een relatie, in een [illegible], in de maatschappij, als moeder en als vrouw, over eenzaamheid, angst en de keuzes die we maken uit liefde.

'Een uitstekend, prangend memoir.' – Mark Schaevers, *De Morgen*

'Een buitengewoon interessant, knap geschreven boek over een feministische vrouw, die gelijkwaardigheid tussen mannen en vrouwen in theorie nastreefde, maar merkte hoe moeilijk het was – en is – om het in de praktijk van een huwelijk te realiseren.' – Frits Abrahams, NRC

'Een levensveranderend boek, een ingrijpende leeservaring, op een goede manier.' – Aaf Brandt Cortius en Lies Visschedijk, podcast *Aaf en Lies lossen het wel weer op*

CHRISTIEN BRINKGREVE is emeritus hoogleraar Sociale Wetenschappen. Naast haar universitaire werk heeft ze altijd geschreven voor een breder publiek. Zo schreef ze onder meer *Het verlangen naar gezag*, *Het raadsel van goed en kwaad* en *De ruimte van Herman Hertzberger.*

Van Christien Brinkgreve verschenen eerder

Margriet weet raad (met Michel Korzec)
De opkomst van het psychotherapeutisch bedrijf (met Abram de Swaan en Jan Onland)
Psychoanalyse in Nederland
De belasting van de bevrijding
De vrouw en het badwater
Van huis uit (met Bram van Stolk)
Huismensen
Vroeg mondig, laat volwassen
Wie wil er nog moeder worden? (met Egbert te Velde)
De ogen van de ander
Licht en schaduw (met Halleh Ghorashi)
De winst van verschil (met Eric Koenen)
Het verlangen naar gezag
Vertel
Weten vraagt meer dan meten (met Sanne Bloemink en Eric Koenen)
Het raadsel van goed en kwaad
Taalkracht (met Eric Koenen en Sanne Bloemink)
De ruimte van Herman Hertzberger

Christien Brinkgreve

Beladen huis

Memoir

Uitgeverij Atlas Contact
Amsterdam/Antwerpen

Eerste druk januari 2025
Tweede druk februari 2025
Derde druk februari 2025
Vierde druk maart 2025

Omslagontwerp Herman Houbrechts
Omslagbeeld © Jim Holland
Foto auteur © Inez Agnese

ISBN 978 90 450 5071 3
D/2025/0108/500
NUR 320/749

www.atlascontact.nl
www.christienbrinkgreve.nl

Alleen door het onder woorden te brengen kan ik
er een geheel van maken
– *Virginia Woolf*

Familiegeschiedenis en sociale geschiedenis
is een en hetzelfde
– *Annie Ernaux*

1

De foto van de begrafenis: ik zie mijzelf daar staan, kan er lang naar kijken, als naar een vreemde. Ben ik dat? Ben ik er wel bij?

Vóór mij staat de kist, daarin mijn overleden man, naast mij staan onze zonen, zijn dochters en kleindochter dichtbij. Ik voel weer de steunende hand op mijn schouder van mijn zusje achter me.

Ik zie hoe na de toespraken van vrienden en de kinderen, na de muziek die vooral geen klassieke muziek moest zijn, de kist wordt opgetild door zonen en neven en zich een lange stoet in beweging zet.

Het is begin maart, koud en helder, net als bij de begrafenis van mijn moeder die op een dag na een jaar eerder overleed. De ervaringen vallen over elkaar heen: hetzelfde licht, dezelfde begrafenisondernemer, dezelfde familie om me heen. Maar nu is het mijn man, en loop ik gestut door mijn schoondochters voor aan de stoet. Ik voel hun armen om me heen en voel me beschut in de kilte van de dood.

Ik zie vrienden, bekenden, halfbekenden, vroegere collega's, schimmen uit een soms ver verleden. Alles staat helder op mijn netvlies. Hoe de mensen aangeslagen in de zaal zitten: de liefde en waardering voor hem is voelbaar. Hoe in de tussenruimte waar familie en intieme vrienden elkaar van tevoren treffen een goede vriendin van ons me bijna smekend vroeg of het einde niet toch goed was geweest. Nee, had ik gezegd, en vraag me dat nu alsjeblieft niet want anders ga ik huilen.

Huilen deed ik toch, bij de toespraken van de vier kinderen, aangedaan door hun oprechtheid, hun verlangen naar hun moeilijk bereikbare vader, ieder op een eigen manier, met eigen pijn en verdriet, allen liefdevol. Wil jij niet ook iets zeggen, was me gevraagd. Ik kon het niet. Ik liet dit aan de kinderen en vrienden over. Het enige wat ik had kunnen zeggen was: je hebt het ons heel moeilijk gemaakt, maar we hielden toch van je. 'Dat kan niet,' zei de vriendin die de bijeenkomst leidde, 'dan kun je maar beter niets zeggen.'

De woorden komen nu pas, nu een jaar verstreken is.

Ik kijk weer naar de foto. 'Je zag eruit als een oudere Franse actrice,' had mijn oudste zusje naderhand tegen me gezegd, rechtstreeks als ze altijd is. 'Je stond daar als een personage in een Griekse tragedie,' mailde een vriendin me. 'Aangetast, aangedaan, met een blik die verder ging dan het moment.'

Ik denk dat dat klopt: ik was erbij, en er niet bij. Ik denk dat het opging voor de lange periode die hieraan voorafging. Wie was hij? Met wie had ik geleefd? En ook: waar was ik gebleven, wie was ik? Waar was ik in verzeild geraakt?

2

Na de begrafenis gingen we naar ons huis, mijn huis nu. Ik had een kleine ontvangst georganiseerd, of eigenlijk had mijn nichtje dat gedaan. In de week ervoor, tussen overlijden en begraven, hadden we veel in de kamer gezeten, bij de kist, soms met de paar mensen die op deze manier nog afscheid wilden nemen en die we dan alleen in de kamer lieten. Het was een wonderlijke tussenweek, een soort eiland tussen die indrukwekkende laatste fase van wegebbend leven dat zich in de beslotenheid voltrekt, en de hectiek van de naderende begrafenis, een openbaar gebeuren.

We zaten op de bank tegenover de kist, mijn zusje, haar dochter en ik. Of ik nog wat achteraf ging doen, vroeg mijn nichtje. Ik vond dat een goed idee, opperde vaag iets over saucijzenbroodjes, waarop mijn nichtje resoluut zei: laat dit maar aan mij over. Dankbaar aanvaard.

Het was goed om na de begrafenis niet in mijn eentje terug te keren. Het huis was in de tussentijd met een paar handige ingrepen – strijkplank werd bijzettafel, tafel werd buffet – gereedgemaakt voor ontvangst. Die speciale stemming na een begrafenis: van honger en emoties, van herinneringen en weerzien. Ik herinner me vooral dat er ook vrolijkheid was, dat er ook jonge mensen waren, nichtjes en neven, vrienden van de kinderen. Dat het eten lekker was, dat ik veel dronk, en doodmoe was. En genoot van weer leven in huis. Ik zag een enkele sceptische blik op de staat van verwaarlozing van het huis, maar het was niet de avond om me daar iets van aan te trekken. Ik ging op een gegeven moment naar boven, naar mijn bed, mijn jongste zoon en zijn vrienden bleven nog, wat ik heel fijn vond. Ik lag daar, beneden hoorde ik stemmen, gelach, op een goed moment een bons, gevolgd door de voetstappen van mijn zoon die stil de trap op liep, bezorgd of ik wakker was geworden. De vriendin van een van zijn vrienden had een handstand tegen de muur gemaakt, was omgevallen en met een doffe dreun weer op de vloer beland. Ik kon me geen betere inwijding voorstellen van de nieuwe fase die nu zou aanbreken: ik zou, stelde ik me voor, geregeld vallen, maar toch uiteindelijk wel goed terechtkomen.

*

De staat van verwaarlozing van het huis drong in de tijd daarna pas goed tot me door. Ik zag de scheuren in de muren, de afgebladderde muren in de wc, de uitpuilende boekenkasten in de gang die slechts een klein looppad toelieten. De stapels oude kranten en tijdschriften, de dozen met spullen waarop jarenlang niemand meer een blik had geworpen. Het was het huis van mensen die iets hadden opgegeven: om orde te scheppen, om de zaak te beheersen, om er een plek van te maken waar je graag was. Het was een huis in verval, een opbergplaats van gebruikte en in onbruik geraakte dingen. Het was niet dat ik dat nooit gezien had, maar er moest doorgeleefd worden. En het huis was groot, de spullen konden wel voorlopig in een kamer worden gestouwd en aan het zicht onttrokken.

Nu een van ons niet meer verder leefde en ons gezamenlijke leven opgebroken was kon ik er niet meer langs kijken. Ik werd me sterker bewust van al die spullen in al die kamers, de volte en mufheid drongen onbelemmerd mijn lichaam binnen. Ik voelde hoe de zwaarte in mij was gaan zitten en me onbewegelijk maakte. Een soort vreemde verlamming die ik niet goed begreep als ik buitenshuis was, maar die me direct weer bekroop als ik binnen was. Het huis was vol geraakt, vast komen te zitten. De schoonheid die er ooit was en die van huis uit zo belangrijk voor me is, was in de loop van de tijd zoek geraakt. Ik had het al die jaren gezien en ervaren, maar het drong nu pas goed tot me door.

'Ik was in shock,' vertelde een vriendin me laatst, 'toen ik jaren geleden bij je op bezoek was en het huis zag. Het was je huis niet meer, het voelde donker en vijandig. Alleen je werkkamer boven, dat was jouw sfeer, dat was een veilig hol. Daar hingen mooie dingen. Dat was zoals vroeger in je huis in de Noorderstraat, en in je huisje in Egmond.' Het was vreemd, hoor ik mensen nu soms voorzichtig zeggen, het was niet gewoon rommel, als een huis waarin geleefd wordt... er hing een onbestemde somberte in het huis. Andermans ogen zijn confronterend, en behulpzaam om terug te halen hoe het was als je binnenkwam, en je ogen nog niet gewend waren aan dit dichtgegroeide huis.

Het zien en erlangs kijken: het was niet dat de schellen me van de ogen vielen. Het huis toonde zich onbarmhartig nu ik de ruimte voelde om echt te kijken. Zoals het lichaam spreekt als je goed luistert, zo sprak ook het huis: het maakte zichtbaar hoe ons huwelijk zich had ontwikkeld tot aparte levens. Ik moest in gesprek met het huis om me er weer op mijn plaats te voelen.

3

Het gevoel van stagnatie begon in de weken na de begrafenis langzamerhand te wijken, alleen wist ik niet hoe en waar te beginnen. Wil je niet ergens anders gaan wonen, vroeg mijn zusje, er is zoveel zwaarte en verdriet in dit huis, dat krijg je er niet uit. Ik voelde de verleiding om weg te vliegen en elders neer te strijken, in een schone en opgeknapte woning. Om daar mijn leven opnieuw op te pakken. Maar iets hield me tegen: ik had hier een klus te klaren, ik had het huis verwaarloosd, en ook mijzelf. Ik moest mijn plaats terugkrijgen. Niet weer wegvluchten zoals ik tot nu toe had gedaan. Ik was goed in ontsnappen, zei mijn andere zusje. Maar dan liet ik iets onopgelost, besefte ik. Ik had nu de mogelijkheid om herstelwerk te verrichten, het huis opnieuw een kans te geven, en ook mijzelf, in dit huis, op die plek. Ik moest terug in de tijd, terughalen wat ooit was. Opruimen was ook het opdelven van eerdere lagen.

Ik dwaalde wekenlang door het huis, dingen oppakkend die ik onderweg tegenkwam. De sporen van zijn leven: de schoolschriften, de jarenlange noteringen van voetbalopstellingen, de schriften met zijn filmrecensies en foto's van filmsterren, met de vermeldingen van nieuwe muziekalbums, van blues, jazz, reggae, alles minutieus en overzichtelijk opgeschreven in dat precieze handschrift. Ik kon het niet lang achter elkaar doen.

Ik zie hem zitten als schooljongen en opgroeiende man: zijn behoefte aan vastleggen, noteren, bewaren, schrift na schrift, jaar na jaar. Zijn leven is weer in één klap aanwezig in het mijne. Al zijn dit de sporen van voor mijn tijd, ik zie het als fundamenten van het bouwwerk dat zijn latere leven is geworden. Dit waren zijn manieren om houvast te krijgen, greep op het bestaan, orde in de chaos. Ik herken de vroege sporen van wat zich ook de jaren daarna, tot het bittere eind, heeft voortgezet in de noteringen van voetbaluitslagen, de beoordelingen van films. Veel daarvan is doorgegaan in de kinderen: de liefde voor film en muziek, bij de jongens de liefde voor voetbal. Het zijn werelden waar ik voor een deel buiten viel.

*

In onze begintijd, eind jaren zeventig, liet hij me veel horen: muziek die ik niet kende, weemoedige vitale blues, gospels, muzikantengroepjes als de Staple Singers – de poes die hij van de kinderen een paar jaar geleden kreeg werd vernoemd naar Mavis Staples. Ik voelde het enorme belang van muziek in zijn leven, iets wat hij met zijn jongere zusje deelde. Het verruimde mijn wereld die voornamelijk gevormd was door klassieke muziek. Hij was enthousiast over kleine onbekende bandjes als de Jug Stompers.

Voor een radio-uitzending over het tijdschrift waarvan ik in de redactie zat wilde ik hun muziek als openingstune gebruiken. De anderen vonden het een beetje raar, dit plotselinge andere geluid aangebracht door een nieuwe figuur in mijn leven, maar ik zette door: ik was erg van hem onder de indruk, bewonderde zijn heldere en concieze taal, de scherpte van zijn blik.

Hij had iets raadselachtigs, was onplaatsbaar, wat ik aantrekkelijk vond. Hij hoorde bij een intellectueel-artistieke voorhoede, schreef over blues en jazz, maakte, met anderen, de *Haagse Post* tot een spraakmakend blad met nieuwe vormen van journalistiek, en bleef tegelijk iets autonooms houden, niet in te lijven bij welke groep dan ook. En iets voornaams. Hij had de precisie van de jurist die hij was en tegelijk een scherp oog voor verschuivingen in macht, belangen en omgangsvormen. Hij intrigeerde me: wat hij zei en deed, de breedheid van zijn interesses en talenten, de rollen die hij in films speelde, zijn radiowerk. Ik hield van zijn stem, en van dat mooie karakteristieke hoofd van hem. Maar wat me vooral veel deed was hoe hij kon luisteren, zijn aandacht voor mij en waar ik mee worstelde; lichtvoetig was ik niet in die tijd, dat gaf een band. We waren erg geïnteresseerd in elkaars werelden, ook de binnenwerelden van angsten en somberheden. Dat had ik nog niet eerder zo meegemaakt. Dat was een vorm van intimiteit die ik niet goed kende, en fijn vond.

4

Mijn zusje helpt me met opruimen, ze wil me niet alleen laten in dit huis, ook zij voelt hoe het bezet is geraakt door zwaarmoedige krachten die het huis moeten verlaten wil ik er kunnen blijven wonen. Onze familie van moederskant komt uit Indië, enige gevoeligheid voor krachten van buiten was mijn moeder niet vreemd, en ik besef dat ik er ook ontvankelijker voor ben geworden. Er is voor mij te veel moedeloosheid in het huis gekropen, er moet een andere geest gaan heersen, meer lichtheid en openheid. Dat zal een heftig proces zijn, ik bereid me voor op een ingrijpende tijd, met ongewisse uitkomst welke sfeer de overhand krijgt. Ook het woord ziel laat ik ongecensureerd door. De ziel van het huis is beschadigd geraakt, er moet reparatiewerk verricht worden, aan het huis, aan mij. Aan onze relatie, want ook die moet geheeld worden, ik wil weer terugkrijgen hoe wij ooit hier begonnen, hoe hij was, hoe wij waren.

Ik zit met mijn zusje in de gang boven, met de tot de nok toe gevulde metalen Gispenkasten, boeken in dubbele rijen, stapels oude tijdschriften, lades vol met schriftjes en speelgoedpoppetjes. Het is stoffig, verweerd, ook hier is de nicotine in het papier gaan zitten, door het plafond van zijn werkkamer heen.

We zijn boven begonnen, dat is minder confronterend: zijn domein was voornamelijk beneden. De linkerkast was van mij: sociologie en literatuur, de rechter van hem. We beginnen met de mijne: dat is overzichtelijker, daar kan ik zelf over beslissen, hij heeft over de zijne niets meer te zeggen. Dat zou vaart kunnen geven, maar het verlamt me: het voelt ongepast die aan te pakken. Mijn kast wordt met rappe hand gesorteerd, oude studieboeken en vakliteratuur waar ik niets meer mee heb mogen het huis uit, het geeft een opgeruimd gevoel. In zijn kast de boeken over films en voetbal en de in de loop der jaren gestaag gegroeide rij thrillers; het grootste deel daarvan was al door mijn jongste zoon bekeken, gesorteerd, verdeeld. Daar achter zijn juridische studieboeken, stoffig, gedateerd. Op de onderste planken jaargangen tijdschriften over films, muziek. Die wil ik goed zien onder te brengen.

Elke verdere plank brengt me dichter bij hem, naar een leven van voor mijn tijd waarin ik een blauwdruk herken van zijn verdere leven, naar latere jaren die we samen doorbrachten.

'Je schiet niet erg op met opruimen,' hoor ik mijn zusje zeggen, ze hoopt op meer voortvarendheid. 'Ik kan het niet,' zeg ik, 'het houdt me vast. Het voelt of ik hem weggooi.' Het zijn voor de kinderen ook de sporen van hun vader die zich vaak moeilijk liet kennen, beroof ik ze dan niet van waardevolle tekenen van zijn bestaan? Moet ik die sporen niet bewaren?

*

Het huis moet leger, ze heeft gelijk. 'Het moet geen museum worden,' zegt ze nog een keer, begripvol maar doortastend. Blijft hij ook bestaan in een respectvolle selectie uit dit uit zijn voegen gegroeide universum van schriften, noteringen, plaatjes? Ik denk aan mijn schoonzusje en de enorme verzamelingen foto's en negatieven van mijn overleden broer, fotograaf. Wij, zijn zoon en zusjes, moedigen haar aan om niet de jaren die haar nog resten te besteden aan het archiveren van zijn werk. En ik moet verder in dit volgepakte huis met al die kasten met verstofte boeken, tijdschriften, archiefdozen. Met de verzamelingen spullen waarop hij zijn greep verloor, die zich ophoopten, bleven liggen, deels in nog meer ordners en weer nieuwe kasten een plek vonden, en daarmee het huis donker en onbegaanbaar maakten.

Ook ik ben geen opruimer, ook mijn eigen spullen hoopten

zich op. Ik keek vooral naar zíjn groeiende stapels om de eigen minder te hoeven zien. Het was als een vergeefse strijd tegen de overmacht van de dingen. Wij voegden ons ernaar, het pad naar zijn bureau werd kleiner, er vielen vaker stapels om, de spullen rukten op onder de bank, de stoelen, de keukentafel. Ze waren ons de baas geworden.

Maar er was nog een kracht die me in dit huis de adem benam en mijn energie opslorpte, en dat was de moedeloosheid, de ontstemming, het gevoel dat in het huis was gaan hangen en ik er niet meer uit kon verjagen. Het gevoel van tekort, van niet goed, van het tegen de klippen op proberen er iets van te maken dat tot mislukken was gedoemd. Zijn sterk ontwikkelde gevoel voor humor had hier op den duur geen vat meer op. Soms voor even, en dan kort de opluchting dat dit nog werkte.

'Niet alles bewaren,' hoor ik mijn zusje zeggen, ze haalt me daarmee uit mijn verdoving. 'We nemen het even samen door, kijken wat weg kan.' Ik blijf haken in het verleden. Zij bewaakt mijn toekomst.

Een onafzienbare hoeveelheid zakken en dozen heeft inmiddels het pand verlaten. Zonder hulp van anderen waren het huis en ik tot stilstand gekomen. De bevangenheid die ik kan voelen ten aanzien van al die spullen en sporen, het gevoel van verantwoordelijkheid voor zijn nalatenschap, worden afgewisseld met voortvarendheid op de vleugels van gezamenlijke acties. En met boosheid: om de shit waarin ik achterbleef, de ongesorteerde bende waarmee we opgezadeld waren. Om het gebrek aan zorg voor ons. Momenten van onversneden woede hoe hij ons heeft achtergelaten.

5

Ik ontmoette hem in 1978 toen ik samenwerkte met de socioloog Bram de Swaan aan een boek over psychotherapie, een beroep dat die jaren sterk in opkomst was, wat de vraag opriep of mensen steeds meer psychische problemen kregen of dat het beroep de vraag creëerde. Hoe had het psychotherapeutisch beroep zich ontwikkeld, wat waren de begrippen waarin menselijk lijden gegoten werd? En, een tweede vraag, konden mensen zo naar zichzelf kijken dat psychotherapeuten daar wat mee konden? Wat moesten ze zeggen om geschikt te worden bevonden voor een psychotherapeutische behandeling? De resultaten van ons onderzoek dat we met een klein groepje deden liepen langs de sporen van deze beide vragen, en het bleek lastig om hier één boek van te maken. De Swaan stelde voor het aan iemand te vragen die hij hoog aansloeg, die bijzondere stukken had geschreven over de geestelijke gezondheidszorg, ter zake kundig en intelligent. Ik kende zijn stukken uit de *Haagse Post*, en vond dit een goed en spannend idee.

Ik deed de pakken papier door zijn brievenbus ergens in dat keurige Amsterdam-Zuid, er werd een afspraak gemaakt in hotel de l'Europe, dicht bij het sociologisch instituut, een deftige ruimte met grote stoelen. Het was een interessant gesprek. Ik luisterde vooral. Ook A herinnerde zich dit gesprek jaren later nog goed. Of eigenlijk herinnerde hij zich alleen De Swaan, voor mij had hij weinig oog – ik vermoed hier de werking van de genderhiërarchie, besef ik achteraf (vrouwen zijn minder interessant), maar ik denk ook dat ik mezelf behoorlijk dienstbaar en onzichtbaar maakte: de genderhiërarchie zat ook in mij. A had veel waardering voor de inhoud, maar zag niet voor zich hoe beide delen samen te voegen tot één geheel. Zijn advies was helder: maak er twee boeken van. We volgden dit advies op, ons onderzoek verscheen in twee delen: *De opkomst van het psychotherapeutisch bedrijf*, en *Het spreekuur als opgave* (1979).

De Swaan bracht in het kielzog van dit onderzoeksproject een aantal mensen bijeen om verder te denken over de samenhang tussen het sociale en het psychische domein, tussen relaties en emoties, en dat zowel op individueel niveau als op dat van de cultuur die in het individu doorwerkt. Ik ben me daar mijn hele leven mee blijven bezighouden. A hoorde bij dit kleine gezelschap van mensen die De Swaan interessant vond, en dat waren ze ook: de scherpzinnige beschouwingen vlogen over de tafel. Er was één man die weinig zei, maar die in een paar zinnen de kern van de zaak raakte, en dat was A. De rest van al die woorden van al die mensen vervloog, dit was wat gezegd moest worden. Ik wist verder weinig van hem, hij was hoofdredacteur van de *Haagse Post* geweest, nu van het *Maandblad Geestelijke Volksgezondheid*, het MGV, hij was getrouwd, en had iets melancholieksgeheimzinnigs.

Op een dag belde hij me, of ik meeging naar Nijmegen waar hij de socioloog Kees Schuyt zou interviewen. Ik was gevleid, maar kon niet: ik had een andere afspraak. Dat leek niet van belang, ik kon beter met hem meegaan. Tot mijn eigen verbazing ging ik daarin mee, en zegde die andere afspraak af. Zijn vastbeslotenheid verbaasde me. Achteraf nog meer, toen ik hem leerde kennen als iemand die lang kon aarzelen en zich snel terugtrok als hij ook maar een vermoeden had dat mensen anderen boven hem verkozen.

We reden in zijn volautomatische Dafje naar Nijmegen, ik vond het wel spannend, ik weet niet meer waar we over praatten, ik denk over werk en teksten en mensen. Eenmaal daar streek ik ergens neer tot hij klaar was met het interview, en op de terugweg stelde hij voor om ergens te gaan eten. Hij bleek ook iets in zijn hoofd te hebben, de Lage Vuursche. Ik was daar nog nooit geweest, maar hij kende het, kwam er wel eens met zijn gezin om te wandelen en pannenkoeken te eten.

Ik had weinig in te brengen en vond dat wel prettig, zijn overwicht nam me ook iets uit handen. We liepen langs hoge bomen, en vrij onverwacht kuste hij me. Ik was verbouwereerd, hij was getrouwd. 'Ik was natuurlijk ook erg verliefd op je,' zei hij als toelichting. Hij gebruikte de verleden tijd, en ik dacht vooral: wat jammer dat ik daar niets van gemerkt heb, en dat het nu al voorbij is.

Dat laatste bleek niet zo te zijn: het was een begin; de verleden tijd was denk ik zelfbescherming tegen een mogelijke afwijzing.

6

In die fase van mijn leven dacht ik dat alleen de ratio mij kon redden. Ik had geregeld last van hevige angsten, had vaak het gevoel het leven niet aan te kunnen, en voelde slechts een dunne lijn naar de gekte. Overmoed en faalangst wisselden elkaar af, een evenwicht was ver te zoeken. Ik was, daarvan was ik overtuigd, aangewezen op de weg van de rede, en die werd door mij met vlijt en toewijding bewandeld aan de universiteit, de weg van de wetenschap, wat me goed afging. Daar kreeg ik grond onder de voeten. Ik werd assistent van de hoogleraren sociologie Joop Goudsblom en Bram de Swaan, maakte deel uit van de redactie van het *Amsterdams Sociologisch Tijdschrift*, een intellectuele sociologische familie waarin ik me thuis voelde en die nog altijd een vriendenkring vormt. Achteraf bezien was het een verlichte sociale enclave: ik werd als vrouw niet voor minder vol aangezien. Vrouwen waren op de universiteit nog wel in de minderheid, er bestonden nog nauwelijks vrouwelijke hoogleraren. Ik was de eerste vrouw die bij Goudsblom promoveerde, en een tijdlang de enige vrouw in de redactie, maar dat was voor mij geen bezwaar, ik vond het eigenlijk wel een prettige positie. Wat ik me vooral herinner was dat het genderonderscheid er niet erg toe deed. Later ben ik daar iets anders over gaan denken, de hiërarchie werkte op subtielere manieren door: wat mannen zeiden en schreven werd hoger aangeslagen. Maar wat toen voor mij telde was dat ik mee mocht doen met de jongens. Ik denk dat ik er ook voor waakte dat mijn 'meisje-zijn' van belang was. Het ging om de inhoud, het kritisch vermogen, de intellectuele scherpte. En al voelde ik me vaak onzeker, als grondconditie, dat verdween in de discussies, in het gezamenlijk maken van weer een nieuw tijdschriftnummer. Dertig jaar vormden we de redactie, niemand voelde de behoefte om op te stappen, en als jongere sociologen vonden dat we misschien maar eens plaats moesten maken zeiden we, wat nuffig, dat de datum van ons aftreden bepaald werd door de datum van ons overlijden.

Het *Amsterdams Sociologisch Tijdschrift* was een intellectueler en academischer tijdschrift dan de *Haagse Post*, maar voor mijn leermeesters Goudsblom en De Swaan golden ook literatuur en journalistiek als volwaardige vormen van intellectuele oriëntatie, als belangrijke bronnen van inzicht, als ze voldeden aan hun maatstaven van precisie en denkkracht; en met de gevoeligheid voor taal die hun eigen was soms als verfijndere vormen dan de klompendans van de sociologie. Sociologie was voor ons ook vooral taal, en wie zich onhelder uitte of zich van clichés bediende werd genadeloos afgestraft.

De stukken van A scoorden hoog. Ik bewonderde vooral zijn artikelen over psychiatrie en breder: de geestelijke gezondheidszorg; voor politiek had ik minder belangstelling. Ik las met grote interesse zijn stukken over de opkomst van nieuwe therapeutische gemeenschappen, vooral die over Dennendal, een paviljoen voor zwakzinnigenzorg zoals dat toen heette, waarin een revolutionaire strijd werd gevoerd om de macht, in lijn met de democratiseringsbewegingen van de jaren zestig. 'Dennendal: een gevecht tussen reglementen en verbeelding' was een van de titels, en: 'De baas is de basis'. Hij had een scherp oog voor macht, en daarin een autonome blik, met oog voor de dynamiek tussen de gevestigde partijen en de verlichte nieuwkomers die ook zelf al weer snel autoritaire trekken vertoonden. Het ging over macht en interacties, niet over goed en kwaad. Het was de onpartijdige blik, van een afstand, anders dan de meeste andere linkse artikelen uit die tijd die geheel en al de kant kozen van de vernieuwers. Het was de sociologische blik, maar dan een onverschrokkener variant dan ik kende.

Zijn ongeduld met mooie praatjes en zijn vermogen tot de kern van de zaak en van mensen door te dringen vond ik prachtig. 'Niemand heeft zo diep geboord als u,' had de geïnterviewde toenmalige premier Van Agt hem na afloop van hun gesprek toevertrouwd. Als hij een vermoeden had dat iets verzwegen werd of, nog erger, iemand loog, dan liet hij niet los, als een terriër die beet heeft. Hij had een feilloze intuïtie voor verborgen motieven waar ik veel van geleerd heb en die mijn blik gescherpt heeft. Het sloot aan bij mijn sociologische gerichtheid op macht en belangen, maar zijn vorsende door wantrouwen gestuurde blik reikte verder. En mengde zich met het psychoanalytische oog voor innerlijke conflicten, weerstand en verborgen lagen waarmee ik in mijn eigen psychoanalyse die ik in die jaren onderging vertrouwd was geraakt. Nu ik hem beter leerde kennen waren onze raakvlakken nog groter dan ik dacht. Onze gedeelde interesse in gekte, onze gedeelde angst dat ooit zelf te worden, de leuke vrienden die interessante dingen deden, filmers, schrijvers: het vormde een wereld die de mijne uitbreidde en versterkte. Bevlogen mensen, met een grote creativiteit en gevoel voor humor: het had een sterke aantrekkingskracht op me. Ik viel niet alleen op de man maar ook op zijn entourage.

Mijn ouders mochten hem, maar hij was hun vreemd: films, voetbal, het was hun wereld niet. En dat gold ook omgekeerd: klassieke muziek was een gebied dat hij verre van zich wilde houden, het was bezet door anderen, geen onontgonnen terrein waar iets te ontdekken viel. Blues, rock 'n roll, pop: dat waren gebieden waar hij als een van de eersten over schreef en als kenner gold, vooral op het gebied van blues. Klassieke muziek hoorde voor hem bij burgerlijkheid en begrafenissen.

Gescheiden werelden. Maar ze ontvingen hem hartelijk, ook

zijn beide dochters. Mijn vader, beeldhouwer, deed wat hij altijd deed als hij iemand welkom heette in zijn domein: een beeld maken, zo ook van de hoofden van de meisjes. Een foto ervan vond ik laatst terug: zijn atelier, de oudste dochter zit op een stoel, hij werkt aan een kop van haar, mijn moeder zit opzij, samen met de jongste dochter te tekenen, ik herken de sfeer, wil daar weer zijn. Toen de oude Rietveld-stoel waarin mijn vader als kind had gezeten, een harde houten stoel met punten – een martelwerktuig in mijn vaders herinnering – veel waard bleek te zijn, deelden zij in de opbrengst: ze hoorden voor hem bij de kleinkinderen.

Maar een van de eerste keren dat hij bij mijn ouders at werd de afstand tussen hen al direct voelbaar. Aan de overkant van de vaart waar mijn ouderlijk huis stond liep een lange stoet mensen, voornamelijk mannen, die enthousiast riepen en schreeuwden, op weg naar het Olympisch Stadion waar een belangrijke voetbalwedstrijd zou plaatsvinden. Die afkeurende blik van mijn vader op die lange lopende rij mensen, zich verheugend op een goede wedstrijd: voor hem de horden, voor A hoogtepunten van plezier. Hun werelden zouden nooit bij elkaar komen, en dreven in de loop van de tijd verder uit elkaar. Ze deden allebei hun best, maar de moeite en het onbegrip vielen van hun gezichten af te lezen. Ik zat er tussenin, voelde me opener dan mijn ouders, maar hun wereld was mij vertrouwd en hoorde bij me.

7

A trok bij me in in mijn huis in de Noorderstraat, vlak bij het Amstelveld in Amsterdam, dat ik ooit, tien jaar eerder, met mijn eerste man had gekocht. Ik hield van dat huis en van de grote tuin die we vol hadden gezet met fruitbomen, dan had je bloemen en vruchten ineen. Het huis had veel kamers en trappen, we hadden de houten vloeren in verschillende kleuren geverfd, de rode kamer grensde aan de tuin, daar viel het licht mooi binnen.

Het was een fijn huis waar vroegere vrienden goede herinneringen aan bewaren, maar toen ik in 1974 na zes jaar uit mijn huwelijk vertrok, liet ik mijn man het huis, schuldig als ik me voelde dat ik hem verliet, met de afspraak dat ik het huis van hem zou kopen als hij daar weg zou gaan, en ik het kon betalen. Zo geschiedde, het was een tijd dat huizen nog betaalbaar waren, ook als je een kleine baan had aan de universiteit. Ik was blij er na een paar jaar weer terug te keren, de tuin was verwilderd, maar de sfeer was gebleven. Ik woonde er nog even samen met mijn toenmalige vriend. Toen ik A ontmoette leefde ik er al weer een tijd alleen.

De ontmoeting met mij was, begreep ik later, een trigger om zijn in zijn ogen vastlopende huwelijk achter zich te laten. Hij ging weg bij zijn gezin, vond onderdak bij zijn beste vriend, maar diens levenspartner kreeg er genoeg van omdat er geen einde in zicht bleek. Waarop ik hem mijn huis aanbood en zelf naar Mallorca vertrok, een appartement aan de haven huurde, en een brommer. Het was een opmerkelijke dubbelbeweging, besefte ik naderhand – je doet vaak maar wat, en ziet pas later wat je gedaan hebt: ik liet hem in mijn huis en nam zelf de benen. Het overviel me allemaal, ik was door hem geïntrigeerd en geïmponeerd en voelde me verantwoordelijk voor wat ik bij hem had opgeroepen. Maar het leven alleen beviel me eigenlijk wel goed, in dat huis, ingebed in een wereld van werk en vrienden, van het orkest waarin ik klarinet speelde.

Eenmaal op Mallorca kreeg ik bijna dagelijks een brief van hem. Ze hadden een licht melancholieke ondergrond, ik begreep de droefheid soms niet helemaal, maar ik was vereerd dat hij me de moeite waard vond om dat allemaal aan mij te schrijven. Het was de toon die me trof. Die brieven deden me veel, de vertrouwelijkheid en de taal, geen woord cliché of belegen, het ritme van de zinnen, de beelden die deze opriepen. Ik was kennelijk belangrijk voor hem, waardoor ik me opgetild voelde, al begreep ik niet helemaal wat hij in me zag. Ik ging uitkijken naar die brieven, ze horen tot mijn schatten uit het verleden.

Na drie weken keerde ik naar huis terug, ik had die dagen, naast mijn tochten over het eiland, ook zitten werken aan mijn eerste lezing ooit, over een boek dat ik samen met Michel Korzec had geschreven, *Margriet weet raad. Gevoel, gedrag, moraal in Nederland 1938-1978*, met als materiaal de adviesrubriek uit het blad *Margriet* die ik als kind verslond als we op bezoek gingen bij een tante in Brabant. A haalde me bij terugkomst op, ik moest vrijwel meteen door naar de VU voor die lezing die ik vrij eufoor de grote zaal in slingerde. Hij zat achter in die grote collegezaal en ik hoopte zo dat hij het iets zou vinden. Dat was het geval, ik zag zelfs iets van bewondering dat ik zoiets durfde. Ik had het gevoel dat ik de wereld aankon. Die avond gingen we voor het eerst met elkaar naar bed.

Toen ik uit Mallorca terugkwam woonden we opeens samen. Ik kan me niet herinneren dat we het daar ooit over gehad hebben: hij was daar gewoon.

Het was een spannende en gezellige tijd, ook goede vrienden

van hem kwamen langs en vonden het er prettig. Het was een tijd dat er veel gescheiden werd, dus echt opmerkelijk werd onze relatie, voor zover ik dat merkte, niet gevonden. Zijn dochters kregen een plek in het huis, een la voor hun speelgoed, een stapelbed in het souterrain waar ook ons tijdschrift werd gemaakt en soms iemand aan zijn scriptie zat te werken.

Terugkijkend wordt deze periode helderder, hoe leuk we het vaak hadden, het elan waarmee we leefden, het gevoel dat de wereld voor ons begaanbaar was en voor ons mooie dingen in petto had. 'Jullie waren heel erg verliefd,' herinnert zich een bezoeker uit die tijd. Een vriendin vertelt hoe ik in een restaurant heel erg om A moest lachen – zij zat een paar tafeltjes verder: 'je zag er zo blij uit, vrolijk.' Het is alsof ik door een verrekijker naar het verleden tuur, de lens wordt scherper, vroeger wordt zichtbaarder, weer voelbaar. We zitten daar weer. Geïnteresseerd in elkaar, open voor elkaar.

Na verloop van tijd kreeg hij bezwaar tegen het huis, steeds sterker eigenlijk, de ligging (moeilijk parkeren), de kleine kamers, en dat er nog altijd post kwam voor de mannen met wie ik in dit huis gewoond had. Dat laatste begreep ik wel, ik drukte die enveloppen ook snel achterover als er weer een op de deurmat lag. Zijn bezwaren tegen het huis troffen me hard, dat huis was me zo eigen, het was alsof hij mij afkeurde, alsof hij mij van iets wezenlijks wilde beroven. Ik vond het ook ondankbaar – het huis dat hem onderdak had geboden werd opeens niet meer goed bevonden –, maar ik kon zijn wreveligheid niet naast me neerleggen. Gek, achteraf, die gelijktijdigheid, van vrij en autonoom op die brommer over het eiland, de zelfstandigheid van iemand met een eigen baan en huis en werkend aan een proefschrift, en de weerloosheid tegen zijn ongenoegen. Het blijft me, opnieuw, verbazen.

Een van zijn vrienden ging duidelijk te ver. Ik had kip gemaakt in de oven in mijn kleine fornuis, we zaten aan de keukentafel met uitzicht op de tuin, ik was trots op het huis en dat ik deze man onderdak had geboden, maar zijn vriend vond de kip niet gaar en de kamers te klein. Hij stelde voor om wat muren door te breken, dan kon het nog wel wat worden. Ik was dieper beledigd om het huis dan om de kip, vond zijn bezoek opeens onaangenaam, voelde me eenzaam dat A het niet voor mij en het huis opnam; voor mij viel dat samen. Ik had die vriend de deur moeten wijzen, maar die aanvechting bleef steken bij een krachtige fantasie. Had ik ook A de deur moeten wijzen?

Of was mijn gehechtheid aan het huis een beetje overdreven, ik moest toch kiezen voor mensen en niet voor dingen? Maar het huis was geen ding, het was als een vertrouwde vriend die geborgenheid bood, of meer nog, iets als een eigen lichaam, en dan één waarin ik me thuis voelde. Ik vond dat A zich verontrustend weinig in mij verplaatste, alsof de betekenis voor mij van het huis er niet echt toe deed. Ik verzette me een tijdlang heftig tegen een verhuizing, met ruzies en huilbuien, maar waarom zei ik geen helder nee? Het was alsof ik een essentieel onderdeel in mijn eigen repertoire ontbeerde: de moed om niet mee te gaan in de wensen van de ander.

Ik gaf uiteindelijk toe: na twee jaar verzet zwichtte ik voor zijn druk om het huis te verkopen. Ik veronachtzaamde daarmee, in de taal van later, mijn eigen grenzen. Dat was ik gewend, overgeleverd als ik me als kind voelde aan de wanhoop van mijn bij vlagen angstige en depressieve moeder. Gewend ook aan het ondermijnende gevoel dat dat geeft, wat dan vervolgens wordt genegeerd als iets dat er niet echt toe doet. Een herhaling van een patroon, iets wat ik pas veel later zou beseffen: je denkt te handelen maar wordt bewogen door krachten waarvan je je nauwelijks bewust bent.

Ik was daarnaast ontvankelijk voor de romantische droom om samen opnieuw te beginnen, dat trok me over de streep, maar het was een van de stomste dingen die ik in mijn leven gedaan heb, financieel maar ook psychisch, ik was iets kwijt dat bij me hoorde. Ik was onteigend, en nog verontrustender: dat had ik laten gebeuren. Ik heb me hier nooit helemaal overheen kunnen zetten, het verlies van dit huis, voel opnieuw de ontzetting dat ik me dat heb laten ontnemen. Het bleef een kras in de relatie, maar ik hield de hoop dat het voor ons samen een goede beslissing was. En dat laatste ging voor.

Het werd een huis in Amsterdam-Zuid, een solide huurhuis in een bedaagde buurt, zijn buurt, mijn hart lag in de binnenstad. Ik zie nog mijn vader in de gang van het oude huis staan toen ik vertelde dat ik het huis ging verkopen. Hij stond stil, getroffen, keek me aan, zijn gezicht schuin naar me toe, en zei, voor zijn doen heel beslist: dat moet je nooit doen, dit huis verkopen, het heeft een sfeer... daar krijg je spijt van. Ik hoorde hoe dringend zijn stem was, en weet dat ik toen dacht: jij kiest voor huizen, ik voor mensen. Huizen, en vooral de Amsterdamse binnenstad, waren voor mijn vader iets heel belangrijks. Hij voerde een jarenlange strijd tegen de sloop van oude gebouwen en het dempen van grachten. Wij voelden als kinderen hoe belangrijk deze strijd was, die soms verbeten kon zijn en altijd voorging. Ik dacht een tijd dat hij meer van huizen hield dan van mensen, had ik hem een keer gezegd. Zo wilde ik niet zijn. Maar mijn vader had achteraf gelijk: ik verkocht een heel fijn huis, op een financieel dieptepunt, en bleef lang naar dat huis terugverlangen.

In het nieuwe huis, waar we vol goede moed begonnen waren, waar onze eerste zoon geboren werd, later de tweede, waar zijn dochters een plek hadden, sloop na verloop van tijd een sfeer van tekort, dat er iets niet goed was, dat ik in iets niet kon voorzien.

Een somberte die verder ging dan rouw om zijn scheiding en het missen van zijn dochters. Iets defaitistisch: het gevoel van een verloren zaak. Het maakte mij onrustig. Ik raakte ontredderd, voelde me, zoals ik soms boos en verdrietig tegen hem riep, een troostprijs in een verloren leven. Een heftige zin, die onbeantwoord bleef hangen. Ik durfde er ook niet goed op terug te komen, bang het dan nog erger te maken. Ik ging nog meer mijn best doen om er iets van te maken, zoals ik dat van huis uit had meegekregen.

Ik kende dit niet: dit gevoel van tekort dat niet te pakken viel, en niet te helen. Ik praatte erover met anderen die het ook niet goed konden plaatsen, ik zocht in boeken maar kon niet vinden wat ik zocht.

8

We verhuisden voorjaar 1985, het jaar na mijn promotie in de sociale wetenschappen. Een jaar voor de geboorte van onze eerste zoon, twee jaar voor ik hoogleraar werd in Vrouwenstudies. Een nieuw huis, een nieuw begin, een al half gevormd gezin met de twee dochters van A uit zijn eerdere huwelijk. Door hun aanwezigheid in ons leven zag ik hoe lief A met ze was, en zag ik mijzelf in staat om voor kinderen te zorgen. Dat had ik tot dan toe niet aangedurfd, te bang dat ze me van mijn vrijheid zouden beroven en ik hen zou belasten met het gevoel dat ze me eigenlijk in de weg zaten. Door A's dochters besefte ik hoe bijzonder en verrijkend de band met kinderen kan zijn, van een andere orde dan een boek schrijven of lezing houden. Het fundament voor mijn band met zijn dochters is toen gelegd.

Die zomer in Bretagne, zwemmend in zee, voelde ik sterker dan ooit het verlangen naar een kind, en ook dat ik het aandurfde. Het had weinig met carrièreplanning te maken, mijn leven liep in het geheel niet volgens plan. Jong getrouwd, jong gescheiden, gevolgd door een in de geest van de tijd relationeel rommelige periode. Studie en werk bleef ik serieus nemen, uit interesse, maar ook overtuigd van het belang van economische onafhankelijkheid. Niet het leven van mijn moeder, niet haar gebondenheid aan het huisvrouwenbestaan. Niet haar instortingen. Met deze man had ik er vertrouwen in, ik hield van hem, hij was geïnteresseerd in mij en mijn werk. We konden urenlang over alles praten. We vertrouwden elkaar. En ik zag in hem een goede vader. Januari 1986 kreeg ik onze eerste zoon, juni 1990 de tweede.

*

Het huis heeft veel meegemaakt: drukke levens van ouders met veeleisende banen, twee opgroeiende jongens, twee meisjes die om het weekend kwamen, vaak vrienden te eten, soms op vaste dagen. Jarenlang kwam elke maandag een vriendin eten van wie de man, een goede vriend van A, plotseling was overleden; voor haar hadden wij daarom een vertrouwde nestgeur. Ze was erg gesteld op de jongens die zij op die manier jarenlang van dichtbij meemaakte en zag opgroeien. Verjaardagen werden ruimhartig gevierd, er kwamen altijd dezelfde vrienden die het leuk vonden elkaar weer te treffen aan de keukentafel of de grote tafel in de tuin, afhankelijk van het jaargetijde. Ik zorgde dat er veel eten was, altijd ongeveer dezelfde dingen die ik tussen de bedrijven door snel en doelgericht op de markt kocht, culinair niet echt verfijnd maar alles ging altijd op.

Dat gebrek aan variatie van mensen en eten gaf een prettig soort continuïteit in vaak wat chaotische levens – iedereen had het druk en was met van alles bezig. Een van de vrienden zei eens peinzend: het lijkt soms alsof het hier altijd zo doorgaat, aan die tafel, met die mensen, en dat we soms even weggaan en weer terugkomen. Dat vond ik fijn, als we dat konden bieden, in dit huis, aan die tafel, dan was er iets goed gegaan en goed gedaan. Als ik oude foto's bekijk zie ik hoe vrolijk de mensen zijn, en hoe blij ook ik ben. Dat laatste was wat weggezakt, weggevaagd door de tijd die later volgde.

*

Ik groeide geleidelijk in het huis, en het huis in mij. Het was ruim, had twee verdiepingen, hoge kamers, er was plaats voor ons en de vier kinderen, het had een tuin, wat het gevoel van ruimte nog vergrootte: een buitenkamer erbij. Het huis was gebouwd rond 1920, met de zorg voor vorm en detaillering die woningen uit die tijd kenmerkt. De straat was ruimer dan in de binnenstad, lag in een rustige buurt, dicht bij scholen, het park, de musea, en het Concertgebouw. Om daar 's avonds zo heen te kunnen lopen, om de hoek, en die fantastische muziek te horen vond ik een geschenk; het misprijzend commentaar van A op al die mensen die vaak ook nog gearmd en in zijn ogen zelfgenoegzaam langs ons huis liepen op weg naar het concert liet ik langs me afglijden. Het was gemopper dat bij hem hoorde, zoals je went aan geluiden van het huis, je zou het missen als het uitbleef. Ik kon de kinderen lopend naar school brengen, al werd dat toch meestal in de haast de fiets. En door het Vondelpark kon ik zo naar het ouderlijk huis fietsen, met een kind voorop, de brug over, de vaart langs, altijd veel te zien aan mensen, vogels en boten.

Maar hoeveel voordelen het ook had qua ligging en ruimte, het huis werd voor mij nooit een geheel, een ademend organisme: het waren plekken, afzonderlijke ruimtes, die ik verschillend beleefde. Mijn werkkamer boven, de lange trap op, was mijn domein, het had mijn sfeer, ik zat daar graag, voelde me thuis tussen de tekeningen aan de muur en de beeldjes op tafel. Ook de keukentafel voelde als eigen terrein. Daar stonden borden nog van het ontbijt, de koffiebekers, daar lag de krant, daar werd gepraat, gegeten. Daar zaten de vrienden die kwamen eten. Aan borrelen deden we nooit, dat was iets waar A een uitgesproken hekel aan had. Je had dan honger, je propte je vol met nootjes, en zat maar te wachten tot het eten eindelijk kwam. Dat sloegen we over, meteen aan tafel. En meteen het eten op tafel.

9

De keukentafel was voor mij de kern van het huis. Daar gebeurden de dingen. Ik heb een sterke herinnering aan de keer dat de psychiater Dries van Dantzig bij ons kwam eten. Hij zat tegenover mij, aan het hoofd van de tafel zat A. Het was midden jaren tachtig, de tijd dat leerstoelen vrouwenstudies werden opgericht. De strijd om een betere positie voor vrouwen werd ook op de universiteit gevoerd, en dat betrof zowel de inhoud van de vakgebieden en het blootleggen van de androcentrische blik in de wetenschap, als de afwezigheid van vrouwen in leidinggevende posities. Ik was geen hardcore feministe maar wel erg voor vrouwenemancipatie. Ik was gepromoveerd, wat niet veel vrouwen toen waren: promoveren gold als een mannending; en in mijn boek *Margriet weet raad* werd ruim aandacht besteed aan de veranderende machtsverhoudingen tussen mannen en vrouwen. Ik bleek opeens goede papieren te hebben voor iets dat ik nooit geambieerd had, maar toen ik gevraagd werd om te solliciteren, zowel in Nijmegen als in Utrecht, op deze nieuw gecreëerde posten, vond ik het te spannend om te laten. Het gesprek in Utrecht liep stroef, het vond plaats in een benauwd kamertje zonder raam in een naargeestig gebouw, ik kreeg koffie in een kartonnen bekertje en werd aan de tand gevoeld over theorieën die me weinig zeiden. De Nijmeegse ervaring was anders: ik liep over een campus met bloeiende rododendronstruiken, kwam terecht in een vriendelijk gebouw, in een kamer met uitzicht, en er werd soep geserveerd uit een porseleinen terrine. Van het gesprek herinner ik me weinig, mijn belangstelling voor de psychoanalyse paste goed, ik had verder geen idee hoe ik daar viel, maar het beviel mij wel.

Die avond thuis, met de bevriende psychiater aan tafel, ging de telefoon en kwam het bericht dat ze mij graag wilden. Ik zou na het eten terugbellen. Ik keek naar A, ik zag zijn gezicht betrekken, ik keek naar Van Dantzig, ik besefte dat het lastig zou worden met een kind van nog geen jaar, maar toen hij me aankeek en zacht en duidelijk zei 'ik zie dat je het wil' ging er een deur open en werd het voor mij iets wat wilbaar was. Ik mocht dit willen. De voelbare bezwaren van A legden het die avond af tegen de wetende stem van Van Dantzig: een man van gezag, met de ziende blik van een goede psychiater. 'Je doet het toch,' zei A toen het bezoek vertrokken was. Daar had hij gelijk in. Ik denk ook niet dat hij me had willen tegenhouden, al had hij een hard hoofd in de hele onderneming. Een gesprek erover bleef uit. Ik nam de baan aan, wist niet goed wat me te wachten stond, maar ik zou wel zien waar de wal het schip keerde.

Het Centrum voor Vrouwenstudies was interdisciplinair opgezet, er werkten letterkundigen, een psychologe, antropologe, een filosofe en tot mijn verbazing ook een theologe – religie beschouwde ik toen vooral als een onderdrukkend instituut –, een interessant en bevlogen gezelschap. Ik hield van het leggen van verbindingen tussen vakgebieden. Toen ik daar begon, najaar 1986, waren de rododendrons uitgebloeid, maar de stemming was beloftevol, de inzet groot. Het aantal vrouwelijke hoogleraren was nog zeer gering, net iets boven de twee procent, en de weinige vrouwen die het waren hadden geen of al volwassen kinderen. Veel voorbeelden had ik dus niet.

*

Een van de problemen waarvoor we kwamen te staan was het organiseren van opvang. Crèches begonnen net van de grond te komen, maar voor onze zoon was het daar te onrustig. Ik kon regelen dat ik voor vier dagen werd aangesteld en maar twee dagen hoefde te komen: dat kon toen nog, en er was de universiteit veel aan gelegen om dit te laten slagen. De andere dagen werkte ik thuis, met een oppas voor de kinderen voor vier dagen in de week, zodat ik veel thuis kon zijn en ook mijn hoofd bij het werk houden.

Het ging, het was druk, ik had goede hulp, het was spannend om een nieuw gebied te ontwikkelen, iets dat me goed lag. De treinreizen naar Nijmegen twee keer per week vond ik fijn, het waren momenten van rust en uitzicht. Vooral het stuk na Arnhem als je heuvels zag en rivieren gaf me elke keer een licht vakantiegevoel, hoe druk de baan en het leven thuis ook waren, misschien juist daarom. Naarmate ik meer grond onder de voeten voelde verdwenen mijn oude angsten naar de achtergrond. We zetten mooie en interessante programma's op, zoals 'Vrouwen en waanzin', over sekseverschillen in ziekte en gezondheid, en 'Geleerde vrouwen', over de plaats van vrouwen in de wetenschap, hoe moeilijk die te bevechten was, en hoe de vrouwelijke stem meer ruimte moest krijgen. Vraagstukken die steeds opnieuw opduiken, en toen al met veel kunde en enthousiasme bij de kop werden gepakt en ontgonnen werden – een bijzondere en vruchtbare tijd. Met een aantal vrouwen van toen heb ik nog steeds contact: je hebt samen iets opgebouwd, en al heeft iedereen zich op eigen manieren verder ontwikkeld, er is een gedeeld verleden dat voor ons erg belangrijk is geweest.

10

Ons huis werd een soort nest: wij, ouders, vlogen in en uit, vrienden en collega's af en aan, vrienden van de kinderen konden altijd blijven eten. Om de week kwamen in het weekend A's dochters, die stevig meehielpen in de zorg voor hun kleine broertjes: ze brachten ze naar bed, organiseerden partijtjes mee, haalden ze soms van school als ze bij ons waren. De vaste oppas gaf rust in huis. Het liep, ik was er trots op hoe we het klaarspeelden. Het was veel regelen en improviseren, maar ik herinner het me als een gevleugelde tijd, bezield en gezellig, ondanks A's vlagen van somberte.

Ik had niet zoals eerdere generaties vrouwen hoeven kiezen tussen werk en moederschap, tussen kind en carrière: ik kon beide, en dat voelde als een enorme verrijking van het bestaan. Ik kon daarmee, dacht ik, aan het lot van mijn moeder ontsnappen met haar terugkerende inzinkingen. Veel van onze moeders waren depressief of hadden vaak hoofdpijn, wij – ik praat maar even in het meervoud van mijn generatie – schoven dat op rekening van het benauwende en beperkende huisvrouwenbestaan. In mijn geval werd het verlangen van mijn moeder om te tekenen, een drang van binnen, de kop ingedrukt. Daar was geen ruimte voor met vier opgroeiende kinderen, weinig geld, op een bovenhuisje in de Amsterdamse binnenstad. Dat zou mij niet gebeuren. Ik wilde mijn kinderen ook niet belasten met die zwaarte. Dat ik ze weer met andere dingen zou belasten kon ik toen nog niet weten.

*

De combinatie van een veeleisende baan en kleine kinderen was heftig, beide vroegen veel, zijn wat sociologen 'totale instituties' noemen. Het was ook een tijd van totale uitputting, van op je tandvlees lopen, van afzien: geen tijd voor films, concerten, gezellige etentjes met vriendinnen waarbij je even niet op de tijd hoefde te letten. Als ik foto's bekijk uit die tijd zie ik naast de bevlogenheid ook een diepe vermoeidheid. Maar ik was blij dat het kon, kinderen en werk, dan moest je niet ook nog al die andere dingen willen doen. Wij hadden al zoveel meer mogelijkheden dan onze moeders. Over vermoeidheid kon je het maar beter niet hebben. Altijd hing die dreigende stem in de lucht van 'terug naar de keuken' als je liet merken dat het je te veel was. Daar moest je vooral geen voedsel aan geven, dat versterkte alleen maar het idee dat vrouwen het toch niet konden, een professioneel bestaan naast kinderen. Toen in een groot interview in *de Volkskrant*, na mijn oratie over *De belasting van de bevrijding*, naast de gebiedswinst ook die vermoeidheid ter sprake kwam, werd dat laatste breed uitgemeten, voorzien van een vette kop *Altijd moe* en een grote foto van een vermoeid kijkende vrouw (ik dus). Het negatieve oordeel was gauw geveld. Ik had dat nooit mogen zeggen, was de reactie van feministische zijde. Ik voelde me onaangenaam gepakt door de journalist, gestraft voor mijn eerlijkheid, noem het naïviteit, een klotestreek. Maar ik had ook last van de gevoelsverboden in feministische kring: van de dingen die ik zag en voelde en die niet gezegd mochten worden. Die zware belasting was een thema dat pas later aandacht zou krijgen; in de hitte van de strijd was daar geen ruimte voor.

Het was een bewegen in een strategisch en emotioneel mijnenveld, waarmee verschuivingen in machtsverhoudingen nu eenmaal vaak gepaard gaan. En een voortdurend balanceren. Het feit dat werk en kinderen allebei veel eisten hield de aanspraken van beide, was mijn ervaring, ook wel in een soort van evenwicht. Het ene beschermde me tegen de totaliteit van de aanspraken van het andere, dat hielp bij het relativeren. Ik was niet de moeder met de leukste verjaardagtraktaties, ik kon me op mijn werk ook niet intensief op alles storten, en als ik me dat zelf niet al te erg kwalijk nam hielp me dat ook met de beperking tot de hoofdzaken. Een zeurend schuldgevoel bleef wel op beide fronten opspelen: deed ik wel genoeg op mijn werk? Was het erg dat ik nooit meeging op sportdagen van de kinderen? Toen ik een keer voorstelde om bibliotheekmoeder te worden zei een van mijn zonen, tot mijn opluchting: alsjeblieft niet.

De strijd om een gelijke verdeling van taken ben ik niet aangegaan – een manier om de last te verminderen die ik niet aandurfde. Ik loste het liever op met een goede oppas. Als ik om me heen zie hoe sommige jonge vrouwen nu onverschrokken de strijd aanbinden met hun partner voor een gelijkere verdeling van taken besef ik hoe ik daarvoor terugdeinsde. Dat werd me door collega-feministen wel nagedragen: het nieuwe ideaal was een gelijke verdeling van werken en zorgen, dat gevecht moest je leveren. Op deze manier hield ik de traditionele taakverdeling in stand. Ik was het daarmee eens, maar zag op tegen het gedoe van de boekhouding van de zorgtaken en de ruzies om een evenwichtiger verdeling. Ik wilde graag kinderen, hij had er al twee, ik mocht niet overvragen en was beducht om de sfeer te bederven. Het leven was al ingewikkeld genoeg, ik had niet de energie om ook dit gevecht aan te gaan.

*

Wat ik nu bij terugblik helderder zie is het voortshollen, mijn gerichtheid op werk en kinderen. Het georganiseer. De hectiek. De vermoeidheid. In hoeverre raak je elkaar kwijt als je kinderen krijgt? 'Het scheidt meer dan het bindt,' zei een vriendin me toen ik op het punt van bevallen stond; niet echt een boodschap die ik toen wilde horen, maar meer bewaarheid dan ik toen kon vermoeden.

Ik herken in de beschrijving van Julia Schochs *Het liefdespaar van de eeuw* mijn eigen ervaring.

Toen het kind er was, beschrijft de vrouwelijke hoofdpersoon, leek 'de liefde [...] aan de wandel te gaan, zoetjesaan, bijna ongemerkt. [...] Het lichamelijk contact met de kinderen nam van lieverlede de plaats in van dat met jou.' Onze werelden raakten tegelijk meer verbonden en losser van elkaar. Ook hier is Schochs beschrijving raak: 'Het was alsof we op lange transportbanden door de hal van ons leven gleden en elkaar over de middenlijn bundeltjes van verschillende afmetingen toestaken.' Alleen was het bij mij niet glijden maar hollen.

Voor A betekende het krijgen van kinderen, hoeveel hij ook van ze hield en hoeveel ze ook voor hem betekenden, ook verlies: verlies van mijn aandacht die nu voor een belangrijk deel naar de kinderen uitging. 'Met kinderen ben je je vrouw kwijt,' kon hij zeggen. Ik vond het heel naar dat hij het zo beleefde, zei het omgekeerd niet zo te ervaren, maar dat was dan weer niet te vergelijken. Ik kon het ook niet ontkennen dat de kinderen een groot deel van mij in beslag namen, maar er bleef toch genoeg over? En er kwam toch ook veel bij? In een mailwisseling met een van mijn zonen een paar jaar geleden over zijn vraag hoe de bevalling was en de vader zich toen gedroeg lees ik mijn eigen zinnen die me zowel vertrouwd zijn als verontrusten: 'De vader voelde zich van meet af aan een buitenstaander, alsof het kind in mijn buik hem eruit dreef' – een korte samenvatting van hoe A mijn zwangerschap zei te ervaren. Hij vond het moeilijk bij de bevalling te zijn, 'want vrouwenzaak en doordringend besef er buiten te staan'. Er buiten staan was voor A een grondervaring, daar was ik inmiddels van doordrongen. Als man sta je buiten die buik, buiten de intieme fysieke band tussen moeder en kind.

Maar je kon toch wel dicht bij de moeder (ik dus) en de bevalling blijven? De montere en afstandelijke manier waarop ik A's houding beschreef duwde mijn eigen eenzaamheid weg die ik nu pas ten volle ervaar. Ik kon daar toen niet bij stilstaan, voelde me niet in staat er verandering in aan te brengen, weer dichter bij elkaar te komen. Hoeveel we ook in de organisatie van het dagelijks leven met kinderen op elkaar aangewezen waren, de afstand tussen ons werd groter.

Ik hield erg van het leven met kinderen; met al het gedoe en kleine en grotere zorgen was het lichter en geruststellender dan mijn huwelijk. Ik hield van hun warmte, hun aanhankelijkheid, het ontdekken van de wereld waardoor deze ook voor mij weer nieuw werd, het bijzondere proces van hun ontwikkeling. Ik vond het leuk om ze naar school te brengen, dicht bij ons huis, ik hield van het kletsen en knuffelen, van het klaarmaken van de boterhamtrommeltjes. Ik hield van hun school, met die mooie binnenruimte en haar geborgen plekken, een wereld waar je weer even kon binnentreden en die zoveel lichter en opener was dan mijn eigen donkere en benauwende lagere school, met die lange gangen en dichte lokalen: een herkansing hoe school kan zijn.

Ik hield van de kinderwereld waar je even kon ontsnappen aan de veeleisende wereld van het werk. En ook omgekeerd: ik hield van mijn werk, van de vragen waarmee ik me kon bezighouden, de contacten met collega's en studenten, het gevoel meer te gaan begrijpen van de wereld en van mijzelf. En via het werk kreeg ik meer vaste grond onder de voeten. Ik bestond, op een andere manier dan in het gezin, minder ingewikkeld, overzichtelijker, hoe veeleisend het werk ook was.

11

Wat ik me nu sterker dan de zwaarte van het totaalpakket van werk en gezin herinner is de lichtheid en energie die het gaf dat wij als vrouwen nu ook het gebied van het werk veroverden. Wel moesten we uitvinden hoe dat moest – ons ontbraken de voorbeelden. Uitvinden wie we waren als oude scripts niet meer golden, hoe de relatie met onze mannen werd, en hoe de dingen praktisch te regelen. Er werden crèches opgezet, grootouders werden nog niet zo structureel ingezet als nu. Vaders gingen meer zorgen, hoewel niet zoveel als gewenst. Er ontstonden nieuwe fricties over taakverdeling en machtsverhouding. En over identiteit: wat waren de nieuwe modellen van vrouwelijkheid en mannelijkheid, hoe liep de scheidslijn tussen nodig assertief en verwerpelijk bitchy, en wie stelde hier de norm?

Ik herinner me opeens hoe die vriend met die kritiek op kip en huis een keer met A meeging toen ik een lezing hield over Frederik van Eeden en diens geschriften over psychotherapie waar Van Eeden een tijdlang grote belangstelling voor had. Ik deed het met verve, en hoopte dat ze het goed hadden gevonden. Ik hoorde er weinig op. Die vrouw is wel een tank, had hij tegen A gezegd, die dat weer aan mij vertelde, in het midden latend of hij dat eigenlijk zelf ook vond. Navraag hiernaar leverde niet de verlangde geruststelling. De vriend vertrok, maar iets van mijn ongerustheid bleef of A mij nu ook een tank vond, en of een enthousiaste lezing je in de ogen van mannen al snel tot tank maakte.

*

Er heerste, algemener gezien, aan beide kanten ongemak en onzekerheid over gedrag en gevoel, en wat winst was en wat verlies. Wat was de plaats die je ongestraft kon innemen? En waren zorgende mannen nu aantrekkelijk, of verloren ze dan juist hun mannelijkheid? Hoe zag moederschap eruit? Moest je je als professionele vrouw ontdoen van alle sporen van kinderen, bedierf je met pap op je nieuwe bloes je zorgvuldig opgebouwde imago in de werkwereld van de mannen? Moest je liegen over de vraag naar een eventuele kinderwens die bij sollicitaties ongegeneerd werd gesteld? Je kon het dus combineren, kinderen en werk, dat was winst, maar het waren de vrouwen die zich in alle bochten moesten wringen om het gedaan te krijgen, en die belangrijke kanten van zichzelf moesten wegcijferen.

Het was ook een thema binnen het feminisme: toegang tot het publieke domein, tot werk, tot toonaangevende posities was een helder streven, maar wat was daarbij de plaats van kinderen, van zorg, van het huis als een thuis? Waren kinderen vooral een belemmering, iets wat je leegzoog en transformeerde tot een zombie, tot een dienende instantie, gericht op de zorg voor anderen en jezelf daarbij verliezend? Lees de stukken hierover in het *Moederboek* van uitgeverij De Bonte Was en het is een en al schrikbeeld. Wees gewaarschuwd, is de boodschap. Liefde en zorg zijn gevaarlijke valkuilen. Het heil was autonomie, het middel bewustwording, en betaald werk. En daartoe moest je, als je toch in die valkuil was getrapt, de sporen van kinderen als werkende vrouw uitwissen. Wilde je een baan krijgen, moest je je zwangerschap verhullen, anders gaf je maar voedsel aan het idee dat vrouwen ongeschikt waren voor werk buitenshuis, een vrijbrief om ze te blijven buitensluiten. Er was daarnaast een andere, kleinere, stroming die juist een herwaardering van zorg beoogde en ernaar streefde de wereld van kinderen en werk te combineren. Ik had meer affiniteit met het laatste: kinderen horen bij het leven. Ook voor mannen. Zorg en kinderen zijn onmisbaar voor een samenleving, daar moest juist veel meer oog voor komen. Het werk, de hele samenleving, moest anders georganiseerd worden, met meer ruimte voor kinderen en meer waardering voor zorg waardoor ook mannen die op zich zouden nemen.

*

Er bestaat een foto, of eigenlijk twee naast elkaar in één beeld gevat, die deze tegenstelling helder laat zien. Ik kan hem niet meer terugvinden, maar hij is in mijn geheugen gegrift: het vormde het beeld bij een artikel over feministische rolmodellen in een van de vrouwenstudies-bladen die de jaren tachtig rijk was. Twee foto's van twee net benoemde vrouwelijke hoogleraren. Een zit op de grond en speelt met een kind. De ander staat voor een lijvige boekenkast gevuld met kloeke geleerde boeken. De vrouw op de laatste foto was de professionele vrouw: goed gekleed, hoge hakken, ferme blik, met op de achtergrond die volle boekenkast. Zo zag zij eruit, zo moest zij eruitzien, niet die vrouw die op de grond speelde met haar peuter. Dan bleef de vrouw zich vereenzelvigen met het moederschap waar ze juist van los moest zien te komen. De twee foto's werden naast elkaar geplaatst, met een commentaar dat duidelijk de nieuwe norm stelde: de tweede foto was goed, de eerste fout.

Ik was die vrouw op de eerste foto. Ik weet nog goed dat ik dit heel onaangenaam vond, en ook een veeg teken: model staan voor het foute is nooit fijn, maar mijn ergernis ging verder dan dat: ik wilde juist niet mijzelf onzichtbaar maken en mijn kind hoorde bij mijn leven. Ik vond het belangrijk om geen kanten weg te moeten poetsen, dat was een aanpassing aan de mannennorm, de universiteit moest ruimte maken voor vrouwen met kinderen. Ook voor mannen met kinderen, maar dat laatste was nooit een probleem geweest omdat de vrouwen voor die kinderen zorgden.

Toen ik A die foto liet zien, zag ik dat hij boos werd. Ik begreep dat niet goed: het was toch juist goed dat ik kinderen toonbaar een deel van mijn leven liet zijn, ook in die positie? Hij kon het niet uitleggen, maar ik had iets helemaal verkeerd gedaan. Had ik te veel plaats ingenomen nu ik me in beide gebieden bewoog? Ik schaamde me, al wist ik niet precies waarvoor, maar ik had toch geen spijt van die foto: het was voor mij een soort statement. De afkeuring van A deed me veel meer dan die van de feministische wereld waarin ik me bevond, raakte me dieper. Zijn boosheid verontrustte me. Ik voelde me in het nauw gedreven, al bleef ik het met mezelf eens dat de aanwezigheid van kinderen in het beeld opgenomen moest worden.

*

Verwarrend en ongemakkelijk was het wel, wat kon je laten zien, wat niet, aan wie, en wie ging daarover? Een vraag die me achteraf intrigeert: waarom kon ik, ook met tegenwind, in het publieke leven zichtbaar zijn, en werd ik thuis onvaster en onzichtbaarder?

De zorg voor het huishouden en kinderen lag, als vanzelfsprekend, bij mij. Het huis was dus ook mijn gebied: ik maakte het eten, deed de was en de boodschappen, zorgde dat het liep. Ik was de spil, zonder mij was het vastgelopen. Een klassiek verhaal. Maar door mijn werk was daar het buitengebied bij gekomen, ik voelde me daarin gewaardeerd en, met alle onzekerheden die erbij horen, ook competent: het onderwijs dat ik gaf, de stukken die ik schreef, de redactie waarvan ik deel uitmaakte. Thuis ging ik me juist gaandeweg minder op mijn gemak voelen, wel met mijn kinderen maar niet in het contact met A. Minder veilig. Op mijn hoede. Er was iets niet goed, ik kon niet goed pakken wat er mis was, ging me onzeker voelen. Tekortschietend, en tekortgedaan. Het huis werd minder gezamenlijk gebied, het viel uiteen in sferen die weinig met elkaar te maken hadden. Alleen mijn werkkamer boven en de keukentafel bleven voor mij vertrouwde gebieden, voelden eigen, daar zat ik het liefst. In de andere vertrekken slopen stemmingen waar ik niet gerust op was.

12

Als ik denk aan huizen en plekken doemt ook het huis in Bretagne op dat we zomers huurden, aan de Côtes du Nord, die weerbarstige kust met zijn uitgestrekte zandstranden: open ruimtes tussen massieve armen van rotsen. We trokken er jarenlang elke zomer heen met de kinderen en vrienden, een groot gastvrij huis met terrassen waar je kon neerstrijken, zolders waar je kon spelen, dicht bij de oceaan, die kouder was dan de zee die ik van Terschelling kende, maar nog tintelender in haar uitwerking. Elke ochtend liep ik er met de jongens heen, handdoek omgeslagen, het paadje af, onverschrokken de zee in, licht huiverend. Een boost voor de hele dag. Soms zat de buurman daar op het muurtje bij het strand met koffie voor na afloop.

Het huis was intussen aan het ontwaken, er was brood gehaald, er werd koffiegezet, de nachtelijke dromen werden uitvoerig, vaak nog in pyjama, bij het ontbijt opgedist. Het ging vaker over de dromen van de nacht dan over de plannen voor de dag. Die vulden zich eender: zee, strand, markt, de mannen gingen jeu de boules spelen op het strand, de ene vriendin ging werken aan haar boek, de andere nestelde zich ergens met roman of detective, de kinderen hadden hun eigen wereld met elkaar, met de vriendjes die meegingen en de kinderen uit andere huizen die ook jaarlijks terugkeerden. De vriendinnen die mee waren bereidden de maaltijden en overtroffen elkaar met bijzondere gerechten. Ik vouwde de was: een karweitje waar ik rustig van word, het voelen van de stof, het snelle handmatige aanbrengen van orde, de aanraking via hun kleren van mensen van wie ik houd. Het klinkt idyllisch, en dat was het ook: dat huis, die plek, de zeelucht, de gezelligheid, de opgroeiende kinderen; ook zij hebben sterke en mooie herinneringen aan die weken die zich samenvoegen tot één lange zomer. Vakantie was Bretagne, zoals dat voor mij vroeger Terschelling was.

A was daar tevreden: opgenomen in de groep, een levendig gezelschap, veilig, vertrouwd, geen beklemmend isolement. Ik was blij dat hij in zijn element was, ik had het fijn met de kinderen en de vrienden, genoot van de zee en de ruimte, maar miste wel het contact met hem, alsof wij niet bij elkaar hoorden, met een gezamenlijk leven met eigen intimiteiten. Het contrast met het andere echtpaar vond ik soms pijnlijk, hun betrokkenheid bij elkaar, hoe ze elkaar aanraakten.

Ik bekijk de foto's, zie hoe jong we waren, hoe blij ik kijk, genoot van zee, kinderen, vrienden, herinner me ook scherp de vlagen van pijnlijke eenzaamheid. Het haperende contact tussen A en mij bleef voor mijn vriendinnen niet onopgemerkt, we bespraken het als we naar de markt gingen en na afloop oesters aten met dat betoverende uitzicht op de oceaan met kleine rotseilanden die bij vloed onderlopen. Terugrijdend in de zon met open dak en muziek, veel Adamo, was de pijn gezakt, overstemd door vrolijkheid en vriendschap. Die zomers vormen een soort enclave in het bestaan, krachtig van sfeer, met zijn lichtheid en gezelligheid, en ook zijn momenten van eenzaamheid.

We gingen er nog een keer heen, tot slot, zonder het gezelschap van de vertrouwde vrienden, in de zomer van 2008. De jongens waren intussen groot geworden, de jongste eind middelbare school. Het was bedoeld als afscheid van al die zomers, van het huis en onze Bretonse vakanties, maar de betovering was verbroken. A was ontoegankelijk, versteend, hij miste de tijd die voorbij was, hij miste de vrienden. Het leven van dat moment deed niet mee. Ik trok vooral op met de kinderen, ook ik werd ontoegankelijk, wat zijn gevoel van isolement alleen maar versterkte. Het was een van de keren dat ik dacht dat ik beter kon vertrekken. Wat ik niet deed. Thuis hernam het leven zijn loop.

13

Het huis in Amsterdam kende inmiddels een verandering van sfeer, kleur en stemming. Hoe is dat in zijn werk gegaan, die transformatie van een huis met leven en vrolijkheid tot een ontoegankelijk huis waar buiten de kinderen en de vrienden van de kinderen steeds minder mensen kwamen? Sommigen van mijn vrienden zijn nooit bij mij thuis geweest. Hij wilde dat de laatste jaren niet, uit schaamte voor de verkommerde staat van het huis, en ik wilde ook niet dat vrienden mij zo vaal en gespannen zagen.

Het ging geleidelijk, maar ik zie ook de breuklijn waarna alles anders werd. Dat geleidelijke was iets sluipends waaraan je ook wende. Hij werd somberder, meer in zichzelf gekeerd, er kwam minder vooruitzicht en meer verleden – ik trok me meer terug in eigen werelden. Zijn stemmingen gingen steeds meer overheersen. Lidmaatschappen van commissies en besturen hielden op, er kwamen geen nieuwe bij. Hij werd minder gevraagd als dagvoorzitter op symposia en congressen. De kinderen gingen uit huis. Hij kreeg meer last van lichamelijke mankementen. Voor hem voltrok zich een gestage inkrimping van het bestaan, voor mij lag dat anders. Ik was dan wel op de universiteit (sinds 1991 hoogleraar sociale wetenschappen in Utrecht) op een zijspoor gezet omdat ik steeds minder in het universitaire format paste, zo werd me onomwonden duidelijk gemaakt, maar ik bleek geen vaste baan nodig te hebben om verder te kunnen. Het zijspoor bleek voor mij uiteindelijk een bevrijding.

De breuklijn voor hem was het pensioen, in 2006; als 'omroepbaas' – hij was inmiddels hoofdredacteur radio VPRO geworden – moest je op je vierenzestigste met pensioen. Dat was zeer tegen zijn zin, hij heeft het zo lang mogelijk uitgesteld, en bleef zichzelf nog een tijdlang als 'ten onrechte gepensioneerd' beschouwen. Dat kreeg iets raars en ongemakkelijks, mensen lachten er een beetje om, maar je kon voelen dat het niet zomaar iets vervelends was, of onterecht in het licht van wat hij kon. Het was een ramp: er zou een wereld instorten, zijn wereld, de manier waarop hij zijn leven had opgebouwd en zich staande had gehouden. Hij zou zelf instorten.

De eerste keer dat dit echt tot me doordrong was een paar jaar voordat het pensioen zich aandiende. We zaten in de tuin van mijn zusje met een paar vrienden met wie we jarenlang muziek hadden gemaakt, het was voorjaar, we zaten vrolijk te eten en te praten en onvermijdelijk kwam ook het naderend pensioen als thema langs, met de vraag hoe iedereen zich dat voorstelde. Een dankbaar onderwerp, het ene echtpaar had een huis in Frankrijk waar ze nu langer naar toe zouden gaan, de anderen hadden plannen om meer muziek te gaan maken of een lange wandeltocht. Toen was A aan de beurt en er viel een stilte. Er kwam niets. Het had iets ongemakkelijks. Hij kon toch zo mooi schrijven? Er werden hem behulpzaam leuke dingen aangereikt zoals een verre reis of interessante hobby, die hij korzelig naast zich neerlegde als aanbiedingen die beneden peil waren. Een grove miskenning van wat er aan de hand was. Ik had dit vaak genoeg gedaan, zweeg wijselijk, maar voelde een enorme zwaarte neerdalen. Ik kreeg een helder beeld, een soort visioen: ik zag een dorre tuin voor me waarin niets meer zou groeien. Hoezeer ik ook met gietertjes en mest in de weer zou zijn, het zou dor en kaal blijven. Dat beeld heeft me niet meer losgelaten. Het werd waar, bewaarheid, het voltrok zich de jaren daarop. Er was geen kruid tegen gewassen.

Een tweede ervaring maakte me opnieuw de ernst van de situatie duidelijk. Kort na zijn pensioen wilde hij zijn hele platencollectie wegdoen. Het voelde suïcidaal: muziek had zoveel voor hem betekend, hij had zo'n bijzondere en kostbare verzameling opgebouwd die keurig geordend op rij in de kasten stonden in de woonkamer, als soldaten in het gelid, ze vulden de wanden, het was zijn uitrusting geweest in het leven. Hij wilde ze opeens de deur uit doen. Het leven was afgelopen. Dat ik hem hiervan heb kunnen weerhouden mag een wapenfeit genoemd worden. Al had ik minder met zijn muziek dan zijn kinderen, ik wist de betekenis die het voor hem had, en vond dit plan alarmerend destructief. Ik heb hem er daarna nooit meer over gehoord. Ik had geen toegang tot zijn desolate stemmingen, het zat vast, van buiten en van binnen, de stagnatie in het huis en in hemzelf vielen samen. De platen bleven behouden, maar hun geluid was verstomd.

14

De vraag bleef hangen, keerde steeds terug: waarom was dit pensioen zo erg? Nemen mannen verlies moeilijker, zoals Maaike Meijer stelt in haar boek *Radeloze helden*. Is verlies van positie en betekenis voor hen onverdragelijk? Maar waarom was dit voor hem fataal? Andere mensen, ook mannen, kunnen hun pensionering als een heftige overgang ervaren, maar toch na verloop van tijd weer iets van hun leven maken. Voor hem lag dat anders, dat was duidelijk, maar waarom dat anders lag, iets rampzaligs had, was voor buitenstaanders niet goed te begrijpen – hij kon toch zoveel? Hij had ons toch, een vrouw, vier kinderen en een kleinkind? Ik kon proberen uit te leggen dat dat hem niet bereikte, dat het verdwijnen van het publieke bestaan van een andere orde was, maar echt begrijpen deed ik het zelf ook niet. Ik wist dat het zo was. En het kon me bij vlagen ook ergeren dat hij zo moedeloos was, niet blij met de dingen, met mij (behoorlijk beledigend, ik moest het vooral niet op mezelf betrekken, maar op wie dan?); niet tevreden met wat hij wel had: familie, vrienden, een indrukwekkende staat van dienst, geen geldzorgen. Ik was van huis uit gewend mijn zegeningen te tellen, een gewoonte die hem naarmate het hem minder goed ging meer begon te irriteren. Hij was allergisch voor wat hij een 'ijzeren opgewektheid' noemde, ik probeerde soms wat wanhopig de moed erin te houden. Er was tussen ons een gemoedsverdeling ontstaan, een verdeling van stemmingen die in de loop van de tijd vaster was komen te liggen, ondoordringbaarder geworden. Ik vond het beangstigend dat de goede dingen geen vat op hem hadden, niet bij hem door leken te dringen. Hij voelde zich de bewaker van waarachtigheid, beschouwde pessimisme als realisme, keek ook wat neer op opgewektheid als iets van een lagere orde, naïef.

Ik wilde hem helpen, en er tegelijk verre van blijven. Ik wilde zijn moedeloosheid op afstand zien te houden, en hield hem daarmee op afstand. Het was alsof hij terugviel in een oude stemming van rouw die hij vasthield, of die hem vasthield. Ik wilde niet in die beklemming raken, was veel weg, ging nog rigoureuzer mijn eigen dingen doen.

Soms had ik wel contact met zijn gevoel van verdriet, dan liet hij me voor even toe. Een intiem moment waarnaar ik kan terugverlangen. Ik denk aan zijn verjaardag die we samen vierden aan de Normandische kust, een plaats waar we graag heen gingen. Hij ging zitten op zijn vaste terras aan het water, met krant en koffie, ik ging lopen, de stemming was goed, maar bij terugkeer zag ik meteen dat er iets mis was. Hij had net gehoord dat zijn termijn afliep als bestuurslid van een commissie waarin hij zich thuis voelde en erg gewaardeerd werd. En dat op zijn verjaardag. Het was afgezien van iets met de kinderen het slechtst denkbare bericht. Ik voelde zijn verslagenheid: hij viel nu overal buiten en er zou niets voor in de plaats komen. Ik had erg met hem te doen, begreep dat ik nu alleen maar moest luisteren en het opmonteren moest laten, want dan zou het even openstaande hek meteen weer dichtvallen.

*

Zijn blik was achterwaarts, gericht op wat verloren was gegaan. In de tijd dat hij hoofdredacteur was van de *Haagse Post* midden jaren zeventig was dat een blad waar je wekelijks naar uitkeek, met scherpe, goed geïnformeerde stukken over politiek en cultuur, met een nieuw soort journalistieke verslagen van eigentijdse verschijnselen, vaak met een licht ironische ondertoon die ik wel mooi vond. Het was een spannende baan, in een tumultueuze tijd – de democratiseringsbewegingen van de jaren zestig en zeventig. Het was een positie waarbij vergeleken alles wat daarna kwam verbleekte, maar toen hij die functie had ging hij er vooral onder gebukt: de grote verantwoordelijkheid die hij voor het blad en de woelige redactie voelde drukte hem zwaar. Het was een combinatie van lijden als het aan de gang is en heimwee wanneer het verleden tijd is geworden.

Ik merkte gaandeweg dat dit ook op het gezinsleven betrekking had: het viel hem zwaar, maar bij terugblik had hij heimwee naar de tijd die voorbij was. In die zwaarte waren er wel enclaves waarin het lichter was: horecabezoeken, voetbalwedstrijden van de jongens, afspraken met vrienden. Het was soms ook weer erg gezellig, ook die momenten ga ik me weer sterker herinneren. Ik viel steeds meer terug op een deel van mijn repertoire dat ik al vroeg in mijn leven ontwikkeld had. In de terugkerende sombere periodes van mijn moeder had ik me van jongs af aan geleerd eigen werelden te scheppen, van het vlechten van pitrieten mandjes tot het maken van een familieblad, de Brinkjesbode, waar ik de baas was: ik schreef de verhalen en de gedichten, mijn zusjes tekenden. Het creëren van een eigen wereld bood bescherming, het was als een tent waarin je tijdelijk kon wonen. Het is een vermogen dat me in mijn verdere leven goed van pas is gekomen, zeker in de latere jaren met A. Het was een manier van overleven: van de boel in stand houden, en ook mijzelf. Maar het versterkte de verwijdering die zich al aftekende. Het was ook een opgeven van wat ooit was en wat ik gehoopt had dat zou blijven. Het was behoud, van mij, van het gezin, en verlies tegelijk. Ook ik veranderde, was niet meer degene die ik was toen we elkaar leerden kennen. Ontmoedigd geraakt richtte ik mijn aandacht vooral op de kinderen en mijn werk. Ik trok me terug in mezelf, en verdween ook voor hem.

Hoe groot het verlies was die mijn 'oplossing' – het scheppen van eigen werelden – teweegbracht, tekende zich de laatste maanden van zijn leven onbarmhartig af toen hij ziek in zijn bed in de woonkamer lag. Er was geen weg terug: de afstand bleef, hoe ik ook mijn best deed die weer te overbruggen. Hij lag daar verschanst, had me nodig en hield me op afstand. Ik zorgde, maar had ook de fijnzinnigheid verloren die bij contact hoort. Ik botste af en toe onhandig tegen zijn bed als ik iets kwam brengen of weghalen, alsof mijn lichaam lomp was geworden en de juiste afstand niet meer kon inschatten. Voor de kinderen was het, denk ik, pijnlijk om deze afstand te zien. Ze wisten wel dat die er was, maar het werd nu onbedekt zichtbaar en voelbaar. Ik deed mijn best, en schoot tekort. En daarmee werd iets gecontinueerd, ook in deze nieuwe situatie. Hij lag daar weerloos en boos en zou niet meer herrijzen, ik had alles uit mijn handen laten vallen en zorgde voor hem, maar zou na zijn overlijden, zo liet het zich aanzien, wel weer verder gaan. Ook dat maakte hem kwaad. Op hemzelf. Op mij.

Het was zo anders dan wat iedereen vertelde: dat je in die laatste fase weer tot elkaar komt, dat het contact intensiveert, de intimiteit terugkomt. Ik heb het zo gehoopt. Geprobeerd. Maar de grond was te rotsig, de afstand te groot. Het is een open wond, dit niet-afscheid, die verschansing, elke keer als ik er aan terugdenk moet ik huilen. En het is onherstelbaar. Steeds keer ik terug naar die momenten, had ik het anders kunnen doen, had ik hem dan wel kunnen bereiken?

15

Hij wou niet dood. Dat was de basis die al het andere verdrong. Woorden als 'acceptatie' of 'aanvaarding', waarmee de bezoekende huisarts enige opening probeerde te creëren in zijn geharnaste staat bleven in de lucht hangen, klonken opeens raar en misplaatst, en grenzeloos oppervlakkig.

Hij lag daar in die kamer, de woonkamer, in een hoog ziekenhuisbed, met zicht op de grote televisie.

Wij zaten daar vaak, aan de voet van het bed of op de bank tegenover hem, soms ook in zijn grote grijsgroene stoel die de oude rode had vervangen, een geschenk van de vrienden voor zijn verjaardag, maar nooit helemaal aanvaard. Hij hield niet van de kleur en het model was anders dan zijn oude stoel waaraan hij erg gehecht was, ook of juist in zijn vervallen staat. Heimwee naar vervangen spullen was taai, een vorm van trouw aan wat verdwenen was.

De kamer was de spil van het huis geworden. Om hem en het bed werd het leven georganiseerd van thuiszorg, kinderen, vrienden: de enkelen die nog mochten komen en dat tot het eind bleven doen, met pannetjes eten, die soms alleen maar aan de deur werden afgeleverd omdat het anders te veel zou zijn. De kapper kwam, de fysiotherapeut: ik kon merken hoe mensen op hem gesteld waren. Wij, de kinderen en ik, redderden, zaten, aten, keken tv, een film. Het contact met hem verliep via commentaar op wat we zagen of op iets wat in de buitenwereld gebeurd was, liever niet rechtstreeks. Dat gaf een kleine opleving, een verbindingslijn met de wereld buiten bed en kamer. Het boek over *Het verraad van Anne Frank* dat toen net verscheen, waarin met veel stelligheid beweerd werd wie de verrader was, bleek een dankbaar onderwerp waarin veel bij elkaar kwam:

de oorlog, de gebrekkigheid van het onderzoek, de gretigheid waarmee het in de krant kwam: daar kon hij zijn journalistieke scherpte nog op loslaten.

En er was gelukkig altijd voetbal, het mannenverbond waar ik buiten viel. Het vertrouwde geluid zondag na het eten: de wedstrijden, het enthousiasme bij een doelpunt of de ontzetting bij een gemiste kans, het gevloek op het spel en de spelers, het ging eindeloos door, ongelimiteerd in tijd en emotie. Ik was er wel aan gehecht, al begreep ik er weinig van. Wat ik wel begreep was dat ze via voetbal contact hadden, het was een gedeelde ervaring van de wedstrijd, de stand, het commentaar, de vergelijkingen met andere wedstrijden, in andere jaren. Voetbal vormde een doorgaand gesprek. Ik merk hoe de jongens dat missen, ze kijken soms wel eens samen, maar hij was de spil, het kijken was met hem.

Er heerste die laatste maanden toen hij daar in dat bed lag ook vaak stilte, je hoorde de geluiden van de straat, van de poes die op het bed sprong, de bel bij de buurvrouw. Het had soms bijna iets vredigs, die dagen die verstreken, het vaste ritme van komende en gaande mensen, de thuiszorg die dagelijks kwam. Soms ontspande zijn gezicht ook even als hij dommelde. Maar overheersend was de last, het ongemak, de kriebel, de onmacht, het besef van het naderend einde, de boosheid daarover, de frustratie over wat niet meer ging, maar wat hij ook niet aan mij wilde toevertrouwen. Ik moest veel regelen, wat hem irriteerde, ik moest hem met rust laten, maar er waren toch zaken die met toenemende urgentie besproken moesten worden, zoals onbetaalde rekeningen, en of het huis ook op mijn naam stond, de begrafenis, zijn nalatenschap. Had hij iets geregeld? Waar lag dat? Ik besefte hoeveel onbesproken was gebleven, hoe onze levens uit elkaar waren geraakt, hoeveel ik aan regeldingen aan hem had overgelaten. Ik schaamde me tegenover de kinderen hoe slecht we de zaken op orde hadden, ervoer dat als een brevet van onvermogen.

Ik zocht een notaris dichtbij om nog iets van een testament op te stellen, de tijd drong, en legde haar telefonisch de gebrekkige stand van zaken uit. Ze hoorde het oordeelloos aan, de gepaste professionele houding, stelde voor op huisbezoek te komen, maar hoe meer ik voordien had weten te achterhalen hoe beter.

'De oogst is mager,' zei ik toen ik haar opendeed. Ze gaf geen krimp, had dit duidelijk vaker meegemaakt, liep met ferme tred achter mij aan naar de woonkamer, we gingen bij zijn bed zitten, ze nam de huwelijksakte door en vroeg vriendelijk doch doortastend wat hij zijn vrouw en zijn kinderen zou willen nalaten. Het bleef even stil, en hij zei vervolgens maar één zin: ik wil niet dood. Einde gesprek. Ik excuseerde me toen ik haar uitliet voor haar vergeefse komst en opperde voorzichtig of we een volgende afspraak zouden maken. 'Dat heeft niet veel zin,' zei ze, 'als meneer niets wil, komen we niet verder.' 'Hoe moet het dan,' vroeg ik ontmoedigd. 'Dan zijn er de wettelijke regels. Goed dat die er zijn,' zei ze nog. Ik beaamde het braaf.

Ja, dat is goed, dacht ik, dat biedt enige bescherming, maar hoeveel fijner om iets te krijgen dat speciaal voor jou bedacht is. Gegeven met de warme hand. Ik was ontzet over het uitblijven van bekommernis om ons. Hij had tijd genoeg om daar over na te denken. Maar geen ruimte, want die was bezet door de angst voor de dood. Je voelde bij hem woede, maar ook angst, panische angst. Hij was doodsbang voor de dood. En hij was ertegen.

Ik had ook erg met hem te doen, voelde zijn angst, en weerstand: die vrouw mocht niet meer komen. Ik probeerde te achterhalen wat er in hem omging, in dat gesloten hoofd dat me zo vertrouwd was en zich zo moeilijk liet kennen. Soms zag ik een glimp van verdriet, dat gaf een moment van verbondenheid met zijn binnenwereld. Zijn eenzaamheid was voelbaar. Dat wij er waren leek soms niet echt tot hem door te dringen. Misschien toch wel: de stemmen, de geluiden, het gescharrel in de kamer, maar hij had ook last van de geluiden, ervoer voetstappen als hinder, wat ons nog bevangener maakte dan waartoe de situatie toch al dwong. De eenzaamheid van de naderende dood, maar ook een andere eenzaamheid. Ik moest denken aan een kort gesprek met een bevriende collega, een psychotherapeut die veel om hem gaf maar zich ook door hem verwaarloosd had gevoeld. We kwamen elkaar, alweer jaren geleden, tegen op de fiets in het Vondelpark, ze vroeg hoe het met hem ging. Ik wou niet te veel zeggen, daar was de situatie niet naar, maar mijn gezicht sprak boekdelen, waarop ze zei: 'Het ergste is dat hij de liefde van anderen niet kan voelen.' Ik was getroffen door haar woorden, zo had ik het nog niet gezien, en ik besefte dat het waar was. Het maakte in één klap duidelijk wat ik zo moeilijk begrijpen kon. Ik ben haar daar nog altijd dankbaar voor. Inzicht helpt, ook al veranderde het gedrag niet waarop we keer op keer bij elkaar stukliepen.

*

Ik ging boeken lezen over de naderende dood, maar vond weinig punten van herkenning. Ik las over aanvaarding en berusting, over het herleven van contact, over vergroting van intimiteit. Die boeken gingen me enorm irriteren, ze beschreven waar ik naar verlangde en wat er, dat werd onontkoombaar duidelijk, niet in zat. Daar moest ik dan maar in zien te berusten, maar dat kon ik niet.

De toneeltekst van de Noorse schrijver Jon Fosse, *Zo was het*, dat mijn zusje me kort na zijn overlijden gaf met de dringende woorden 'dit moet je lezen' gaf me iets van inzage in wat er in hem zou kunnen zijn omgegaan, al bevatte dit meer tekst, in al zijn soberheid, dan ik in de maanden dat hij hier in de kamer lag hoorde. De man in dit verhaal ligt in bed, de dood is aangezegd, en hij verzet zich het hele stuk lang tegen dit vonnis dat zich aan het voltrekken is. Ik herkende de korte zinnen, de herhaling, de halve zinnen, het ongenoegen, het ongeduldig wachten op de thuiszorg en het foeteren erop, de ergernis over hun vragen, altijd weer diezelfde vragen. Boosheid over zijn afhankelijkheid. Het niet dood willen. 'Maar ik wil niet doodgaan. Want ik weet niet wat het betekent om dood te gaan en daarom wil ik het niet.' Het was de verwoording van de angst en de eenzaamheid die ik bij A voelde.

Zijn leven trok aan me voorbij waarvan ik de laatste maanden zoveel sporen had gevonden. Hoe hij geprobeerd had met al die overzichten van voetbalopstellingen en wedstrijduitslagen, klasseringen van films en platen, noteringen van zijn uitgaven, orde op zaken te krijgen. Alles was bewaard: de notities voor studiedagen, de correspondenties. Er is een kantelpunt waar de pogingen om orde te scheppen in chaos verkeren. De spullen waren hem de baas geworden. De ordeningen bleken niet in staat zijn leven te stutten. Ik ervaar zijn verslagenheid, in het zicht van de dood. Alles bewaard om behouden te blijven, om vast te houden, maar het heeft hem niet kunnen redden.

16

Welk verhaal wil ik creëren, wat zal de boventoon zijn? Ik vertel vrienden dat ik over deze periode schrijf, probeer uit te leggen waar het boek over gaat: het huis, ons huwelijk, de doorwerking van het verleden. Het is een vormgeving aan de rouw, vanuit een diepe behoefte om orde te brengen in de verwarrende ervaringen van liefde en verwijdering, en van mijn gesplitste leven. Om er weer een geheel van te maken, om zelf weer een geheel te worden. Ze begrijpen het belang hiervan, voor mij, maar ook breder: de thema's die ik aanroer. Ik moet vooral ook mijzelf bezien, en onze wisselwerking. Het moet niet gaan over schuld en slachtofferschap, maar het pijnlijke moet niet weggemasseerd worden. Het wordt gelaagd en meertonig. Het is een liefdesgeschiedenis: ik wil zicht krijgen op hoe het zo geworden is, hoe we begonnen en waarin we vast raakten, en hoe vroegere ervaringen hierin doorwerken. Zicht vooral ook op mijzelf, op wat ik deed en naliet, wat ik opgaf en hoe dat de verwijdering vergrootte. Met mezelf moet ik verder.

In de boeken over rouw vind ik weinig van mijn gading: te vaak monumenten voor de overledene zoals in het alom geprezen *Het jaar van magisch denken* van Joan Didion. Ik lees over het rauwe van rouw, de intensiteit van verdriet, in het aangrijpende boek van Julian Barnes, *Hoogteverschillen*.

Er is veel over rouw geschreven, ik kan het maar mondjesmaat verteren. Het vormt een uitdijend genre met een vast script: de stadia van rouw, als ware het een vaste route. Ik herken dit niet: ik ervaar sterke schommelingen, soms een heftige terugval. Maar is dat terugval? Zijn het geen kringen die je steeds opnieuw aflegt waarbij je ook niet meer goed weet of je verder komt? Maar wat is verder? Dat je het meer achter je kunt laten? Dat het verhaal zich keurig ordent naar een Gepast Verhaal, een narratief over rouw, waarbij de ruwe kanten zijn weggeslepen? Ik vind geen voorbeelden die passen, ik moet zelf mijn vorm vinden.

De meeste aansluiting vind ik bij een boek over rouw van de Britse schrijfster Lisa Appignanesi, *Alledaagse waanzin. Over rouw, woede, verlies en liefde.* Ze schreef eerder over de liefde en over de vrouwen rond Freud, beide onderwerpen die me sterk interesseren. Ook met dit boek voel ik affiniteit; naast ontzetting, pijn en ontwrichting heeft woede een plaats in haar verhaal. Ze beschrijft de laatste scène, de laatste verschrikkelijke woorden van haar overleden man, die, doodziek, haar vanuit zijn bed verordonneerde om zijn in diarree gedrenkte pyjama te wassen: 'Was hem.' Ze loopt terug naar de badkamer, houdt haar adem in. 'Ik merk dat ik me er niet toe kan zetten om dit zompige hoopje uitwerpselen op te rapen. Ik voel me vies [...] Mijn lichaam kwijnt weg, als een weerspiegeling van het zijne.' En dan hoort ze hem vanuit zijn bed brullen. 'Dat is het enige waarvoor je deugt. Stront opruimen.' Het was de laatste zin die hij tegen haar zei voor hij stierf. 'Hij raakte me als een stomp in mijn maag.' Het waren woorden die in haar bleven haken en haar steeds opnieuw bleven verwonden.

Ik bewonder haar onverschrokken eerlijkheid. Als ik iets wil is het dat, waarom zou je anders de moeite nemen om te schrijven over de pijn en ontwrichting die de dood van de ander met zich meebrengt. Nodig is moed, niet die van de ontmaskering, maar van de niet-wegkijkende blik die ook op zichzelf gericht is. De blik die onwelgevallige dingen niet wegplamuurt om het rouwscript netjes te houden, gepast, niet te rauw, dat willen mensen liever niet horen. Dat brengt ze in verwarring. Dan moeten ze hun eigen beeld bijstellen, dat geeft onrust en ongemak. Het zal me door sommige mensen niet in dank worden afgenomen, zoals ook Appignanesi in haar proloog schrijft. 'Ik hoop dat mijn kinderen me mijn onthullingen zullen vergeven. Ik heb mijn best gedaan om discreet te blijven. Hun moeder is eigenlijk best betrouwbaar, maar als het over schrijven gaat, komt de schrijfster toch om de hoek kijken.'

Ik had dit zelf kunnen schrijven. De woorden 'eigenlijk best' verraden haar innerlijke strijd, ze verdedigt zich. Ze vreest het verwijt. Maar ik praat inmiddels voor mijzelf. Mag een moeder dat doen, mag ik als moeder dit boek schrijven? Overtreed ik een ongeschreven regel als ik het schrijverschap laat voorgaan boven andere afwegingen? Ben ik dan geen goede moeder meer? Maar kan het niet naast elkaar bestaan, moederschap en het schrijven van een boek over haar eigen ervaring, die anders is dan die van de anderen: de band als vrouw verschilt immers van de relatie met de kinderen, die onderling ook weer verschillen toont. Is dit weer de stem van de buitenwereld dat het of-of is?

Het maakt me onrustig, ik voel de druk die van vaste vrouw- en moederbeelden uitgaat. Ik heb zo graag 'de goede moeder' willen zijn, meer dan iets anders, het is mede bepalend geweest voor mijn keuzes in hoe ik mijn werk en leven inrichtte. Maar wat houdt dat goede moederschap in? Was dat niet juist waar het feminisme over ging: een bevrijding uit vaste beperkende beelden? Ik worstel met het idee van wat moeders moeten zijn: veiligheid bieden. Voeding en koestering. Bescherming. Beschikbaarheid. Houvast. En moet je dat blijven doen ook als de kinderen volwassen zijn? Wat betekent veiligheid bieden: betekent het een levenslange toewijding waarbij je zelf onuitgesproken blijft? Door dit boek te schrijven word ik zichtbaarder, ook voor de kinderen. Kenbaarder. En geef ik daarmee niet juist meer houvast, als ik het tenminste respectvol doe? De ene vraag roept de andere op. Ik kom er niet goed uit, ga mezelf verdedigen, raak in een knoop die ik juist in dit boek wil ontwarren: die van het beeld van de vrouw en de beperkte ruimte die ze toebedeeld krijgt, de verantwoordelijkheid om goed voor iedereen te zorgen, met voorbijgaan aan eigen behoeften. De heiligheid van het moederschap, waarin grootheid en beperking verweven zijn: de grootheid van de toegewijde liefde maakt de bewegingsruimte nauw omschreven, en wie uit die begrenzing stapt valt van haar voetstuk. Dit besef maakt mijn ongerustheid nauwelijks minder.

Een vriendin stuurt me een stuk van Virginia Woolf over *The Angel in the House*, de vrouw met haar onzelfzuchtige opoffering die niemand mag laten weten dat ze een wil van zichzelf heeft. Een eigen stem. Als schrijfster moet die engel dood: 'Had I not killed her, she would have killed me.' De engel zou het hart uit haar tekst gehaald hebben. Ze voert een gevecht met de spoken, de angst voor wat mannen zullen zeggen die haar aan banden willen leggen. De angst voor wat de kinderen zullen vinden is bij mij veel groter, daarin ben ik harder te treffen. Ik voel mijn behoedzaamheid, maar ook weerzin tegen die angstvalligheid die me thuis zo onzichtbaar en vaag kon maken, ook als ik er was. Ik wil niet weer in die staat van verlamming raken.

Een boos boek zou ongepast zijn, en niet echt interessant. Het is ook niet mijn overheersende gevoel: de verwondering heeft het inmiddels gewonnen van het verwijt, de compassie overstemt de woede. Goed zo. Maar ik voel direct de meelsmaak van gehoorzaamheid aan het gebod dat vrouwen niet boos mogen zijn: de afkeer van boze vrouwen is groot. Waar blijft de woede, werd me soms gevraagd. Ik vond dat een ongemakkelijke vraag, en ging dan uitleggen hoe het kwam dat het zo liep. Boosheid was een gevoel dat er vroeger bij ons thuis niet mocht zijn. 'Daar kan je moeder niet tegen': ik hoor het mijn vader nog zeggen, altijd beducht voor haar terugkerende instortingen. Bij het temperamentvolle kind dat ik was moet er veel aan banden zijn gelegd.

Deze ouderlijke behoedzaamheid past naadloos in het ruimere verbod op vrouwelijke boosheid. Sluit aan bij het schrikbeeld van boze vrouwen, bij de dreiging die daarvan uitgaat, de angst die dit opwekt. Wat niet alleen doorwerkt in mannelijke beduchtheid, maar ook in vrouwelijke behoedzaamheid om hem niet te ontrieven, om zijn liefde niet te verliezen.

Maar als ik afdaal naar eerdere fasen weet ik opeens weer dat ik jarenlang geregeld boos was, een onmachtige woede als ik me door A slecht behandeld voelde. Ik ben restaurants uit gelopen, uit auto's gestapt, ben tekeergegaan. Dat luchtte op, maar werkte averechts. Hij ervoer me als een ontploffende boiler, en trok zich nog meer terug. Zijn angst voor woedende vrouwen was groot: het richtte een innerlijke ravage aan. Hij probeerde zich dan kleiner te maken om mijn boosheid te ontlopen. Mijn wanhopige pogingen tot contact joegen hem dan alleen nog verder weg. Het voelde elke keer alsof ik me openhaalde aan ruw beton, wel uitgeraasd, maar zonder enige relationele winst. Woede werkte niet, maar het weghouden van woede maakte mijzelf weg, maakte me vager, afweziger. Onzichtbaarder, ook voor de kinderen. En ingehouden woede blijft voelbaar, en ongrijpbaar.

17

'Je kunt twee dingen doen,' had op een gegeven moment de relatietherapeut gezegd. We kwamen er samen niet meer uit, leden er beiden onder, en hadden onze redding gezocht bij een therapeut van wie ik gehoord had dat ze niet losliet. Dat leek ons een aangewezen signalement. In de loop van onze sessies werd helderder hoe vast we waren komen te zitten, maar er was nauwelijks beweging in te krijgen. 'Je kunt besluiten weg te gaan,' zei ze na verloop van tijd tegen me, het klonk als een pijnlijke maar weloverwogen uitkomst van een moeizaam proces. 'Als je dat niet doet, zorg er dan voor dat je zo veel mogelijk intact blijft.' Weggaan kon ik voor mijn gevoel niet, om een aantal redenen waarover ik straks meer zal zeggen. Ik nam die tweede afslag: meer weg, me meer richten op eigen vrienden en bezigheden, plannen, projecten. 'Als je niet zo'n moeilijk huwelijk had, was je niet zo productief geweest,' zei ooit een vriend van ons tegen me. Het was als troost bedoeld. Het was voor mij vooral de troost dat hij het zag, dat het niet onopgemerkt was gebleven.

Het was een advies dat me droevig stemde, er was iets niet gelukt wat we graag gewild hadden, maar het verloste me ook uit een patstelling: ik kon weer iets doen. Ik stond mezelf meer vrijheid toe, verwondde mijzelf minder in onmachtige ruzies, de sfeer werd vriendelijker maar ook onpersoonlijker. Ik had ook iets opgegeven: de hoop dat we meer contact zouden krijgen, dat onze band weer opener en lichter zou worden, dat we weer iets van de ontvankelijkheid terugkregen uit onze begintijd.

Tijdens die laatste maanden toen hij zo ziek in bed lag stak mijn wanhoop weer af en toe de kop op. Mijn vluchtwegen waren geblokkeerd, zoals mijn oudste zusje tegen me zei. De spanning liep op: ik had het gevoel alles voor hem te doen, in de hoop weer enige toegang tot hem te krijgen. Maar de boosheid en de angst voor de dood hadden hem in hun greep. Ik was soms jaloers op de kinderen, op het contact dat hij wel met hen had, de zachtheid die dan weer over hem kon komen, die ik van vroeger kende, toen we nog eindeloos geïnteresseerd in elkaar waren, open voor elkaar stonden, elkaar hielpen met het verwerken van onze levens tot dan toe. Ik probeerde af en toe een gesprek te forceren, wat een enkele keer lukte, maar vaak werd de poging afgeserveerd. Ik werd onzeker, voelde me afgewezen. Als het gesprek al zo lang stokt lukt het ook niet meer op de valreep, hoe graag je het ook wilt. Ik wist niet meer de juiste snaar te vinden. Ik begreep dat wel, maar vond het onverdragelijk. Soms riep ik ten einde raad dat ik geen boksbal was op wie je alles kunt afreageren. Dat beeld van een boksbal sprak hem wel aan, hij beaamde het, hij vond dat je dat in een huwelijk in zekere zin wel was. Ik had daar een ander idee over.

Net als bij Lisa Appignanesi is er een scène die me bijblijft, steeds terugkeert, ik hoor weer de zinnen die zich in me boorden en die ook veel blootlegden, rauw, zonder enige bedekking. We zaten bij zijn bed, een paar weken voor zijn dood, een oude vriendin die geregeld met eten kwam en ik. Ik vertelde over het gesprek dat ik net had met mijn verhoopte schoondochter, een intelligente, leuke, ambitieuze vrouw met wie ik een goede band heb. De vriendin vroeg hem wat hij van haar vond. Hij knikte waarderend, maar vond haar wel erg ambitieus. De vriendin vroeg door, geïntrigeerd door zijn antwoord, wat hij daar tegen had. 'Als het maar niet ten koste gaat van man en kinderen.' Ik voelde me aangesproken, maar om te voorkomen dat ik me direct op de kast liet jagen vroeg ik of hij míj bedoelde. Een van de lessen van mijn psychotherapeut: eerst even checken voor je reageert.

En toen sprak hij die zin uit die zo hard aankwam: 'Maak

jezelf toch niet altijd groter dan je bent.' Een zin die feilloos haakt in een oude angst dat ik niet veel waard ben, en dat mijn pogingen iets voor te stellen eigenlijk niet veel betekenen. En dat hij, met zijn scherpe blik, dat genadeloos ziet. Ik voelde me tot het bot vernederd, beschaamd dat hij me zo behandelde en dat dit nu zichtbaar was, maar ik was, tegelijk, ook blij dat er een getuige was, dat ik me niet alles inbeeldde omdat ik in zijn ogen overgevoelig ben. De vriendin was ontzet. Ik sprong van mijn stoel, als door een adder gebeten, en ging aan het voeteneind van zijn bed huilend tekeer terwijl ik hem aankeek en zijn blik probeerde te vangen: dat hij nooit blij met me was, nooit trots op wat ik deed, dat ik hem altijd bijgestaan had in zijn werk, dat ik alles gedaan had om het gezin in stand te houden. Dat het een gastvrij huis was geweest, iedereen altijd kon blijven eten. Dat geen moeite me te veel was geweest. Ik raasde door, machteloze woorden, machteloze woede. Hij incasseerde zwijgend, wat me nog razender maakte. Ik moest even naar buiten om bij te komen, wat kon omdat zij er was. De vernedering. Zo zag hij me dus. De verwarring dat de man met wie je leeft je niet veilig vasthoudt maar bijt.

Mijn oude reflex om deze pijn snel om te buigen naar empathie met hoe hij daar lag, zijn eenzaamheid, hoe ongelukkig hij was, kreeg voor even geen vat op me. De wreedheid van zijn opmerking sloeg al het andere weg. Hoe weerloos hij ook was, ik voelde nog steeds zijn kleineringsmacht. Ook dat maakte me woedend. 'Ik dacht altijd dat het humor was,' zei mijn vriendin terwijl ze verwilderd met me meeliep naar de voordeur, 'een soort Archie Bunkerachtige humor, maar hij meent het.' Ja, zei ik, hij meent het. Ze was geschokt. Dat deed me goed.

*

Deze scène blijft, als een kwelgeest, terugkeren, ik probeer hem te verdunnen met goede herinneringen, met empathie voor zijn onmacht. Met de gedachte dat de vergiftiging die de tumor in zijn organen teweeg bracht misschien ook zijn geest vergiftigde. Een vriendin opperde die mogelijkheid, die verzachtend zou kunnen werken. De behandelend specialist die ik deze vraag daarop voorlegde begreep de strekking, dacht even kort na, maar zei, met de openheid tegenwoordige artsen eigen, dat dat volgens hem niet het geval was. 'Uw man wou niet dood,' dat zag hij als oorzaak van zijn boosheid. Ik zal het moeten doen met dit einde, dit onverteerbare einde.

18

Een zich opdringende herinnering: mijn zestigste verjaardag, groots gevierd in het mooie huis van mijn zusje en zwager aan de Vecht – het was pronken met hun veren. Ik zie de vrienden die aan komen lopen onder grote paraplu's: dat ze toch allemaal kwamen ondanks de regen en de afstand. Mijn broer was er nog bij, doodziek maar hij was er, praatte met familie en vrienden, zat stil te kijken. Hij kon zo genieten van wat nog kon. Indrukwekkend. Ik zie hem weer staan, bij de deur in de gang bij de tuin, in gesprek met een vriend van me, die hem toen voor het eerst, en het laatst, zag.

Mijn jongste zusje had van tevoren met A in het Vondelpark overlegd dat er wel iets moest gebeuren die middag. Hij wist even niet goed wat, maar een boek waaraan iedereen iets zou bijdragen vond hij een goed idee. Hij pakte het voortvarend aan, schreef mensen aan, herinnerde ze aan hun toezegging, de bijdragen stroomden binnen. Ik wist van niks, maar wist ook alles: geheimen kunnen wij als zusjes niet goed voor elkaar bewaren. Ze vertelde me laatst weer hoe lief en vasthoudend hij voor me in de weer was geweest, dat was fijn om te horen.

Het mooie huis, de dampende schalen, de toespraken: van mijn oudste zusje die de sfeer van vroeger thuis opriep, hoe wij als kinderen altijd bezig waren met dingen maken, tekenen, kleien, het jaarlijks kneden van een nieuwe kerststal. Een vriendin vertelde geamuseerd hoe we samen college gaven, zij altijd bezorgd of de studenten voldoende leerden, ik vooral of ze het wel interessant vonden. Ten slotte A, liefdevol, humoristisch, bij vlagen hilarisch. Het boek lag voor hem, hij was er zeer over te spreken. Het moment brak aan om het me te overhandigen, hij hield het in zijn hand en bleef het vasthouden, alsof het hem moeite kostte het uit handen te geven. Een vriendin, psychiater, scherp van blik, vond dit erg grappig, vertelde ze achteraf, ze zag en begreep zijn aarzeling, zijn verlangen het zelf te houden. Het was zijn project, het was van hem geworden. Ik lachte mee, maar er bleef iets vaag hangen: had hij moeite met al die blijken van liefde en waardering voor mij? Verdween ik dan voor hem omdat ik te veel bij anderen hoorde? Maar dat boek lag er, dat had hij toch maar met al die aandacht en inzet voor mij gedaan.

*

Nog iets waarover ik wat aarzelend tast naar de betekenis. Twee vriendinnen met wie ik al jarenlang met enige regelmaat eet zeiden laatst dat hij trots op me was. Ik keek verbaasd, daar heb ik weinig van gemerkt. Was ik daar blind voor geworden? Ving ik subtiele signalen niet meer op, of zei hij dat wel tegen anderen en niet meer tegen mij? Ik besloot het aan een bevriende oud-collega van hem te vragen, met wie hij jarenlang heeft samengewerkt, die hem al kende uit de tijd van vertrek bij de *Haagse Post* en vervolgens uit zijn huwelijk. Hij was erg op hem gesteld, zag zijn talenten, heeft veel met hem meegemaakt, en hem ook op het werk geregeld de wind uit de zeilen genomen, omdat hij er ongebruikelijke werktijden en gewoonten op na hield waar anderen niet mee konden wegkomen. Als directeur van het Nationaal centrum Geestelijke volksgezondheid (NcGv) had hij A nodig vanwege zijn journalistieke begaafdheid in combinatie met zijn grote belangstelling voor de psychiatrie. A had veel affiniteit met het gebied en er als journalist belangwekkende stukken over geschreven. Een paar maanden na A's overlijden nam ik weer contact met hem op, ik mocht hem altijd graag, wilde van hem horen over hun samenwerking, hun vriendschap, zijn blik op A. We lunchten in mijn tuin, het was goed, open, vertrouwd, het deed me veel. Hij vroeg of ik weer klarinet speelde, wat hij zelf altijd is blijven doen. We zijn laatst weer begonnen met duetten spelen, ik zie dan ook zijn vrouw, we praten bij, voor mij een spoor van vroeger dat nieuw leven is ingeblazen. Ik besloot het hem te vragen: of A eigenlijk ook wel trots op me was. Ik kon dat doen, vond ik, hij kende hem al zo lang en goed. 'Ja,' zei hij zonder aarzelen, 'hij was trots op je, in jullie begintijd, hij vond het prachtig wat je deed, je proefschrift. Maar daarna sprak hij nauwelijks meer over je. Ik kreeg de indruk dat hij zich gaandeweg door jou overspeeld voelde.' Ik luisterde stil, probeerde het te plaatsen. Het klopt wel met mijn herinnering. A heeft me in onze begintijd erg gesteund, vond het interessant waarmee ik bezig was, mijn proefschrift over de psychoanalyse, maar er veranderde iets, zijn houding werd kritischer, zijn waardering schaarser. De openheid verdween. Ik ging me stiller houden.

19

Ik vroeg ze te eten, wilde ook graag zijn vrouw het huis laten zien. Ze herinnert zich nog hoe ze op kraambezoek kwam bij de geboorte van onze oudste zoon en een mooie cape voor hem had gemaakt die lang in gebruik is gebleven. Ik ben trots op hoe het huis geworden is, heb lekker eten gekocht, bloemen in vazen gezet. Ik dek de tafel met het boerenbontservies dat is opgedoken uit de opslag die A jarenlang in gebruik bleek te hebben zonder dat ik daar iets van wist.

Deze opslag was gehuurd sinds 1991, lieten zijn bankafschriften zien, het jaar dat hij met zijn zusje het dichtgeslibte ouderlijk huis ontruimde. 'Andere mensen blijken een geheime vriendin te hebben,' zei ik tegen een vriend die mijn gangen in dezen op afstand volgde, 'maar hij dus een geheime opslag.' 'Misschien een vriendin in de opslag?' opperde hij in een poging de zaak een beetje licht te houden. De opslag bleek volgestouwd met stoelen, tafels en kleden uit zijn ouderlijk huis, volgepakt met dozen met papieren, kasboeken, schoolschriften, tijdschriften. Een jaar lang had hij samen met zijn zusje elk weekend opgeruimd, er leek geen eind aan te komen. Ze hadden zuchtend tegen elkaar gezegd dat ze hun kinderen niet met zulke rotzooi wilden opzadelen. 'Maar hij is zelf nog erger,' zei zijn zusje. 'Onbegrijpelijk. Zijn eigen huis werd net zo. En dan nog deze opslag.' Ze schudde verbijsterd haar hoofd. 'En waarvoor? Met welk doel?' Haar eigen huis is ordelijk, alles op zijn plaats, geen overbodige dingen. Als er een beweging zit in de spullen is die naar minder, nu moet ook de klok uit hun ouderlijk huis er aan geloven.

Ook ik was verbijsterd. Voelde me op een rare manier bedrogen, een beetje een onnozele vrouw die geen idee heeft wat haar man aan het doen is, en wat hem beweegt. Wat zou het idee hierachter zijn geweest? Ging hij er af en toe heen? Had het een bestemming, was het een poging iets vast te houden van wat voorgoed voorbij was? Ik kan het hem niet meer vragen.

De jongens togen er als eerste heen, de loods was in het Amsterdamse havengebied, om poolshoogte te nemen, en kwamen ontdaan terug. Ik moest me over iets heen zetten om erheen te gaan, bang wat ik zou aantreffen; samen met een van zijn dochters waagde ik de tocht. Tussen en onder de meubels bleken nog dozen met oud speelgoed te staan, en een doos met het mooiste boerenbontservies dat ik ooit had gezien, uit de begintijd, met de hand beschilderd, stapels grotere en kleinere borden, schalen, kopjes, eierdoppen. Opgetogen namen we deze buit mee, een onverwacht opgedoken schat, stalden alles uit op de keukentafel, maakten foto's van deze bijzondere verzameling. 'Eindelijk je uitzet,' reageerde een vriend die ik een foto stuurde. Geestig, en ook navrant: ik had het dus al die jaren kunnen gebruiken, er vele tafels mee kunnen dekken, het door mijn handen laten gaan. Waarom heeft hij het me niet willen geven? Ook voor zijn zusje is het een raadsel. Is het ooit gebruikt? Het is merkwaardig ongeschonden gebleven. Was dat een manier om het verleden te stollen?

Het is het eerste en mooist denkbare servies ooit in mijn bezit. Het is zoveel dat ik ook af en toe iets ervan weggeef: lang verborgen, nu op veel tafels zichtbaar. Ik ben blij met dit spoor uit zijn verleden, uit zijn ouderlijk huis, al die tijd buiten zicht gebleven. Ik hou het, eenmaal ontdekt, in ere. Ik had hem graag triomfantelijk laten zien hoe goed het nu, eindelijk, toch gebruikt wordt. Ik zoek naar zijn gezicht, hoe zou hij kijken? Ik ben er niet gerust op. Had het verborgen moeten blijven?

Ik gebruik het nu dagelijks, zet de borden en schalen op tafel als er vrienden komen eten, zoals deze avond, maar ook als ik alleen eet. Het servies hoort bij deze periode, en legt een verbinding met waar A vandaan komt.

20

Het schrijven geeft me de veilige ruimte om terug te gaan in de tijd. De man op wie ik verliefd werd, waar is die gebleven? Wanneer is die verdwenen? Maar waar is de vrouw gebleven die ik ooit was? Wat deed ik? Waarom deed ik het zo? Had ik het anders kunnen doen? Zoekend naar hoe het was en werd voel ik de zuigkracht om me op hem te richten, als de stroom in de zee die me vanochtend meetrok in mijn ochtendduik in Egmond aan Zee. Ik moet de benen op de grond houden. Op eigen grond. Maar ik voel voortdurend de drang om hem te willen begrijpen, een ingesleten gewoonte die niet zomaar valt af te schudden. Begrijpen, doorgronden, om greep te krijgen: het was lang de route om de dingen en de mensen aan te kunnen. 'Je moet ervoor waken dat het verlies van plaats zich niet gaat herhalen in het schrijven,' waarschuwt een vriend die me lang en goed kent. Hij heeft vaak gelijk. Nu ook.

Is het een vrouwenpatroon: de gerichtheid op de ander, hoe die zich voelt, op aanpassing om de sfeer goed te houden, om ontstemming te voorkomen? Was dat nu het doorwerken van het patriarchaat, om het maar even kortheidshalve zo te noemen, of had ik eerder te maken met pathologie? Ik loop met een boog om dat woord heen. Beschadigd, daar kon ik me na verloop van tijd wel in vinden, en ook van beschadigde mensen kun je veel houden. Maar dat de uitwerking daarvan zo groot was, op ons hele gezin, en na zijn overlijden natrilt, begint zich nu pas in volle omvang af te tekenen. En ook in geval van beschadiging spelen oude genderdynamieken mee. Mannen – hinderlijk generaliserend gezegd – nemen, en krijgen, meer ruimte ook om hun beschadigingen uit te leven. Alsof ze meer recht hebben op begrip, meeleven, op het aanpassen van de ander om in hun noden te voorzien. De empathiekloof is misschien nog hardnekkiger dan de loonkloof. Het is subtieler dan onderdrukking van de een door de ander – die taal is ontoereikend. Het is een patroon dat door beiden in stand wordt gehouden, dat lang onzichtbaar kan blijven, maar waarin de machtsverschillen zich wel openbaren.

Maar ook de taal van de macht voldoet hier niet. Ook bij mij zijn houdingen gevormd die zich niet laten reduceren tot de brede categorie van de heersende genderverhoudingen. Ik week, was beducht voor zijn ontstemmingen die zich opeens konden aandienen, uit het niets, die ongerust maakten, soms lang bleven hangen en alle lucht naar zich toe zogen. Mijn pogingen de stemming er in te houden gingen hol klinken, ketsten af, ik hoorde mezelf praten, de woorden keerden onverrichter zake bij me terug. De rimpelingen van dat onvermogen zijn voelbaar.

Laag voor laag worden me de dingen helderder: houdingen, interacties, hoe het verleden hierin doorwerkt. Je zou het een vorm van relationele archeologie kunnen noemen, die de grondlagen blootlegt, maar zich ook richt op het bouwwerk dat zich op die grondlagen gevormd heeft. Het vraagt ook een scherpere blik op mijzelf.

21

Waarom bleef ik? Het is een vraag die me af en toe gesteld werd, soms omfloerst, soms onomwonden. Waarom dat koppig doorgaan?

'Je bleef uitgaan van de normaliteit,' zegt de relatietherapeut. 'Je werd elke keer opnieuw wanhopig en verontwaardigd.' Ik was inderdaad verbijsterd hoe hij me weg kon duwen terwijl hij me toch zo nodig had. Pas veel later begreep ik iets van de psychische dynamiek: juist omdat hij zich zo afhankelijk van me voelde en dit niet verdroeg, moest ik klein gemaakt worden. Als de eigen kwetsbaarheid niet wordt verdragen moet de ander permanent gedevalueerd worden. Nagekomen inzichten.

Ik wilde niet goed tot me laten doordringen hoe beschadigd hij was en hoe dat doorwerkte, want dan had ik misschien drastischer stappen moeten nemen, en dat wilde ik niet, durfde ik niet. Ik heb lang gedacht: ik red het wel, met kunst-en-vliegwerk, en ging snel weer voorbij aan wat het gebrekkige contact me deed, en met me deed. Snel weer over tot de orde van de dag. Zonder hoop zakt alles in, maar hoop kan ook blind maken.

Ik kon langs dingen heen leven. Raakte murw, niet meer in staat tot grote beslissingen.

Ik wilde mijn leven met hem zo goed mogelijk voortzetten, het had ook veel goede kanten, en ik was bang voor de ravage die ik anders zou aanrichten. Voor hem, voor de kinderen, voor mijzelf. Sommige vrienden zouden het begrepen hebben als ik was vertrokken, maar als hem daarna iets ergs was overkomen, als hij zichzelf iets had aangedaan, een angst die altijd bij mij op de achtergrond speelde, zou dat ongetwijfeld mij in de schoenen worden geschoven: het schrikbeeld van de schuld krijgen als er iets noodlottigs zou gebeuren. Ik was ook bang dat de kinderen me dat nooit zouden vergeven. Ik was bang dat hij zou verkommeren, een reële angst, ook volgens naaste vrienden. Bang de kinderen op te zadelen met een ontwrichte vader, zoals ik van huis uit had meegemaakt als mijn moeder het niet aankon.

En dan klaarde het ook weer op, werd de stemming lichter, kwamen zijn lieve en leuke kanten weer naar boven, de aandacht waarmee hij kon luisteren, precies die poppetjes en muziekjes voor de kinderen kocht waar ze van hielden. Dan konden we weer ervaren wat ons bond, een manier van kijken, zijn rake observaties, een opmerking die me bijbleef want de kern van de zaak raakte.

Ik besef ook hoeveel ontwrichting voor anderen verborgen is gebleven, en hoe ik daar zelf aan bijdroeg. Ik nam een enkeling in vertrouwen, en wou het zelf ook graag achter me laten als het weer beter ging. Het vermogen tot verdringing had ik al jong ontwikkeld.

*

Als ik de redenen opsom waarom ik ben gebleven klinkt het weloverwogen, als een reeks op zichzelf staande argumenten, maar zo werkt het niet: het is een kluwen met een vaste kern: zoiets doe je niet. Je moet voor elkaar zorgen, een houding van huis uit meegekregen; ook, of juist, als het de ander slecht gaat. Ik vind dat nog steeds een belangrijke waarde, geen zwaktebod, een diepe overtuiging waar andere overwegingen geen vat op hebben.

Het fundament voor die overtuiging is gelegd toen ik klein was, overgeleverd aan de wanhoop van mijn moeder, die mijn vader, met al zijn goede wil, niet aankon. Uit school holde ik naar huis om er voor haar te zijn. Niemand kon beter luisteren dan ik, niemand kon geduldiger steeds maar weer oplossingen aanreiken, die haar nooit echt bereikten. Achteraf bleek dat ze op alle vier de kinderen een groot beroep deed, we dragen hier allemaal de sporen van, met een variatie hoe we hiermee zijn omgegaan. Bij ons alle vier is als diep patroon gevormd dat je voor de ander zorgt, met voorbijgaan aan eigen behoeften; je wist niet eens wat die behoeften waren. Woorden als keuze of vrijheid van handelen zijn ontoereikend, dekken de lading van de ervaring niet. Het onttrekt zich aan afweging of reflectie. Het wordt geleefd, telkens opnieuw. Ik denk dat deze grondhouding nog het dichtst bij een verklaring komt, maar ik kan bij vlagen, nu ik de ruimte heb om er over na te denken, met verwondering naar mijzelf kijken. Iets van het raadsel blijft. Het aarzelende antwoord, na lang denken, wordt meestal iets als: 'Ik weet het niet goed. Ik moest dit doen.' Soms krijgt het de woorden: ik kon het niet over mijn hart verkrijgen om weg te gaan. Maar ook: ik zou het mezelf nooit vergeven hebben. Het zou een schending betekenen van hoe ik mijzelf wil zien. Hoezeer mijn leven ook verschilde met dat van mijn moeder, dit grondpatroon is in mij doorgegaan. Hoezeer ik me ook had afgewend van haar opvatting over de zorg voor het gezin: 'dit was mijn taak', in mijn gedrag zette ik dit voort, al stonden haar woorden me tegen en zou ik gesteigerd hebben als iemand mijn houding zo karakteriseerde.

Vergeet ik nu, afdalend in deze lagen, het cement te noemen van het ingewikkelde bouwwerk van onze relatie? Het lijkt te vanzelfsprekend om te benoemen, maar had ondanks de complexiteit ervan een grote kracht: ik voelde me sterk met hem verbonden. Ook toen hij ontoegankelijker voor me werd bleef ik aan hem gehecht, en was begaan met hem en hoe het hem verging. Ook dat laatste is een vorm van liefde.

Misschien kon ik ook niet zonder hem: een vraag die zich opdringt. Met het verstrijken van de tijd en het verrichte ontginningswerk komt deze laag nu pas open te liggen. Ik ontleende er ook veel aan door bij deze man te horen. Ik was geïntrigeerd door zijn verrassende en ongrijpbare geest. Geboeid, in de dubbele betekenis: hij hield me ook vast, of iets in hem hield me vast. Ik bewonderde zijn talenten. Verdraag ik meer van iemand die ik bijzonder vind? Ik zou nee willen zeggen maar weet dat het waar is: creatieve mensen geef ik alle ruimte, zij hebben iets waar ik bij wil horen, alsof daar het leven zit, en ik iets van hen kan krijgen dat mij kan voeden. Inspireren. Dit is waar het om gaat, niet geld of positie, maar het scheppend vermogen. De boodschappen van het ouderlijk huis werken hier onverzwakt door.

Er was veel wat me bond, maar het was ook angst die me weerhield om weg te gaan. Het opbreken van vertrouwde paden vroeg om een onverschrokkenheid die ik toen niet had. Als ik eruit stapte zou ik veel kwijtraken: het horen bij hem en alles waar hij voor stond, dit gezin, het huis en wat het herbergde. Ik was ooit eerder uit een huwelijk gestapt, het vallen uit dat verband waar ik een paar jaar bij hoorde was me veel zwaarder gevallen dan ik had gedacht. Nu waren er ook kinderen, onze zonen en zijn dochters; ik had ervaren hoe ingrijpend zijn scheiding was geweest. En – het kost me moeite om te erkennen – ik was ook beducht voor hem, voor zijn plotselinge woede en zijn driftig wegbenen zonder dat je wist waar het over ging. Daar ging een dreiging van uit die verlammend op me werkte.

Het kost me moeite terug te halen hoe het ging, de wisselende stemmingen, de warwinkel van bewegingen de ene of de andere kant op, de leuke en desolate momenten, de verzachtende mouwen die ik eraan paste. Ik raak ook kwijt hoe lang deze periode duurde, besef hoe ik in mezelf gekeerd raakte, en ook niet meer thuis gaf. Ik herinner me opeens hoe deze afwezige stemming een keer ruw doorbroken werd door een vriendin die me abrupt vroeg hoe lang ik nog aan een dood paard bleef sjorren. Ik keek haar ontzet aan, het was goedbedoeld, maar ik schrok me dood:

het beeld van dat paard en de sjorrende vrouw haakte zich in me vast. Ik vertelde het niet veel later aan een andere vriendin, probeerde het een beetje licht te houden, maar toen gebeurde er iets vreemds: ik bleef die zin maar herhalen, alsof ik in een groef bleef steken, begon steeds weer opnieuw over dat dode paard, zag mijn vriendin ongerust kijken. Ze pakte mijn hand, haalde me uit deze tred van herhaling, belde A, bracht me naar huis. Een afspraak met een dokter werd gemaakt. Ik herinner me de bezorgdheid van A, hoe lief en ongerust hij was; dat dode paard liet ik maar uit het verhaal, exemplarisch voor wat we elkaar niet meer zeiden. De neuroloog kon niets vinden. De psychiater bij wie ik toen in therapie was wist er wel raad mee en had er ook een prachtig woord voor: het was een 'emotionele fugue' geweest. Het heet inmiddels anders, richting dissociatie, maar dit woord is zoveel mooier: het verwijst naar een situatie die onverdragelijk voor je is, waar je uit wil vluchten maar waaruit je niet kunt ontsnappen. De taal van het lichaam maakte iets duidelijk wat ik liever niet wilde horen.

Ik kan doorgaan met redenen bedenken, die voor een deel behoorlijk confronterend zijn. Ze voelen allemaal als juist, als deel van het verhaal, maar het schampt er langs, er zit een kern waar ik niet goed bij kan. Na zijn overlijden had ik een steeds terugkerende droom: ik zit in een trein, met tassen en koffers, en wil uitstappen bij het eerstvolgende station. Maar het lukt niet: ik krijg niet op tijd alle kleren en papieren in tassen en koffers, ze puilen eruit, de koffer springt open, het hengsel van de tas breekt, ik zie steeds nieuwe dingen die ook in de koffer moeten. En dan gaat de trein weer verder. Ik moet eruit, maar kan niet. Het desolate en beangstigende gevoel van de voortdenderende trein waar ik niet uit kan blijft hangen. Die droom geeft het beeld, niet de verklaring, hij bevat het overweldigende gevoel van niet weg kunnen. Het komt het dichtst bij die ervaring.

22

Er is nog een andere terugkerende vraag: hoe hield ik het vol? Die is iets eenvoudiger te beantwoorden. Ik kreeg een gesplitst bestaan. In het huis in Amsterdam woonden wij samen, in ons houten huisje bij de duinen in Egmond was ik meestal alleen, daar kon ik denken, schrijven en op adem komen. Maar het was een precair evenwicht, een voortdurend balanceren. Het bouwwerk van zijn leven stortte na zijn pensioen in, maar mijn bouwwerk was ook niet echt een toonbeeld van stabiliteit.

Het huisje in Egmond hebben we al sinds de kinderen klein waren. Ik was er vroeger vaak met de jongens, soms samen, soms apart, ze leerden daar fietsen, we gingen vaak naar zee. A hield niet van die plek, het was hem te stil, maar de vorm en de nauwkeurigheid van het ontwerp heb ik aan hem te danken. Het is een prefab huisje, het werd in twee dagen in elkaar gezet, maar we konden het zelf ontwerpen binnen opgegeven maten. Hij had de vorm in zijn hoofd van de huizen waar Zuid-Amerikaanse blueszangers destijds in woonden: met een overdekte veranda op palen zodat je ook in de regen buiten kan zitten. We tekenden een plattegrond, hij zorgde dat de maten klopten en de lijnen mooi doorliepen. Hij was preciezer dan ik. Het huis klopt, technisch en sferisch, het is na dertig jaar nog stevig en bestand tegen stormen en hitte, het heeft een daklicht, de sfeer van een atelier, het huis ademt. Ik voel me er thuis. Ik ging er steeds meer heen, toen de kinderen groot waren ook vaak alleen. Hij kwam er steeds minder, de stilte benauwde hem, de keren dat hij meeging waren geen succes. Voor hem was stilte de dood, voor mij was het een levensbehoefte. Hij noemde het als grap Klein Westerbork, de oorlog bood de metaforen voor zijn gevoel van beklemming. Het werd steeds meer mijn huisje, mijn sfeer. Hij wilde op den duur ook niet meer mee: het was te veel mijn plek geworden.

Twee plekken, twee levens. Ik bleef verbonden met het leven van A en het huis in de stad en wat dat herbergde aan geleefd leven met kinderen en vrienden, maar ik had ook een eigen ruimte. Zo deed ik het, zo was het voor ons allebei te doen, al voelde dat gesplitste leven ook vreemd, en werd ik daar zelf gespleten van. Ik moest elke keer een drempel over om in het andere domein te raken. Ik voelde me in Egmond meer bestaan, in het huis in Amsterdam functioneerde ik, maar de ziel was gaandeweg gevlogen. Hij vond het naar als ik weer vertrok, maandagochtend, een vaste dag, maar gunde het me ook, wist dat ik het nodig had. Voor mij was Egmond een uitkomst, voor hem een verlating. Hij maakte afspraken met vrienden op de dagen dat ik weg was. We belden elkaar elke dag, bleven betrokken bij elkaar. Het leek te werken. Ik hoopte erg dat we hier allebei vrede mee hadden. Voor mij was het de manier om het aan te kunnen. Hij vond het erger dan ik toen wilde beseffen.

*

Ik blader door oude uitgeprinte mails om het gevoel van toen terug te halen. In 2015 bericht ik aan een vertrouwde vriend die vraagt of het goed met me gaat: 'Of het me goed gaat weet ik niet zo goed. Voel thuis een soort eenzaamheid en onrust, en een grote moeheid. In Egmond komen zin en energie meestal wel terug, als ik eerst de onrust er uit gelopen of geslapen heb. Het is een gesplitst bestaan, meestal kan ik de delen bij elkaar houden, soms vallen ze een beetje uit elkaar en raak ik zoek... denk dat dat het is. In het andere deel voel ik me schaduwachtiger, vlakker, automatischer; niet met de kinderen: die lijn blijft open. Moet me altijd verhouden tot de depressie die in huis hangt, vecht er niet meer tegen maar het is de lucht die je inademt… voel in alle vezels wat geen contact kunnen maken doet… soms moeilijk om het contact met mezelf dan te houden.'

Twee jaar eerder, 17 februari 2013, schrijf ik aan diezelfde vriend: 'thema in mijn leven is: plaats innemen, lukt me in huwelijk en gezin minder goed dan daarbuiten, wel de vanzelfsprekende plaats als de onzichtbare spil – weet hoe ze me zullen missen als ik er niet meer ben, maar ik heb niet veel plaats ingenomen; van huis uit slecht geleerd en levend met een man die me vaak klein maakt. Maar ik ben vitaal,' besluit ik monter, 'en heb plaats in de buitenwereld verworven. Vroeg besluit om niet depressief te willen worden.'

Aan het lot van mijn moeder met haar terugkerende inzinkingen heb ik willen ontsnappen, maar je hebt niet in de hand hoe het leven zich verder ontwikkelt. Je leeft in een krachtenveld met processen die zich van buiten en van binnen voltrekken, raakt daarin gevangen, je kan hoogstens achteraf beschrijven: zo is het gelopen. Zo heb ik het gedaan.

*

Het huisje in Egmond heeft nu, na zijn overlijden, een andere plaats gekregen. Het is nog steeds het huisje waar ik schrijf, maar de splitsing tussen beide levens vervaagt. Ook in het huis in Amsterdam ga ik me thuis voelen, maar Egmond blijft wel de plek waar ik me het veiligst voel. Het herbergt wat het al die jaren voor me betekend heeft. Dat is in het huis en mijzelf gaan zitten. Ik ervaar het als ik er binnen kom, het kan me ontroeren, de kachel blijft op de waakvlam, ik word welkom geheten. Het huisje is als een vriend die op me wacht. Ik ben er helderder en ontvankelijker, de ruis van de stad lost hier op. Ik kan beter denken en ervaren. Het is zoals Judith Herzberg dicht in haar bundel *Zoals*: 'Alleen in een klein huis kan je behoorlijk denken/ de muren zijn dichtbij genoeg.'

Ook onze vroegere vakanties als kind op Terschelling resoneren mee. Ik hoef maar uit de auto te stappen, en ik ruik de zee, hoor de meeuwen, en ervaar een alles doortrekkend gevoel van veiligheid en vrijheid. 'Egmond is je behoud,' kon mijn oude moeder zeggen als ik haar opzocht in het verzorgingstehuis aan de andere kant van het Vondelpark. Ze zag niet veel meer, was behoorlijk doof, maar voelde feilloos hoe het met je ging. Zonder veel te kunnen zien zag ze me. Zonder veel te hoeven vragen wist ze. Ze oordeelde niet, begreep ook het belang van vrienden, vroeg naar hen. Ik mis haar weten.

23

Het belang van vrienden heb ik de jaren na zijn pensioen sterker beseft dan ooit. Ook zij vormen de plaats waar je woont, een immateriële plek, een weefsel waarin je bent opgenomen, bewegelijker dan een huis, maar ook beschutting biedend. Ze kunnen het gevoel geven van thuiskomen, ook zonder fysiek aanwezig te zijn. Zonder familie en vrienden had ik het niet goed gered, met hun luisterend oor en liefdevolle oog. Er zíjn, ook op afstand.

Ik besef dat ook hier al vroeg een patroon gevormd is. Als mijn moeder in de greep was van haar angsten had ik mijn vluchtwegen: naast eigen bezigheden, eigen werelden, ging ik vaak naar tante Marie, een bijzonder vitale vrouw die dichtbij woonde, zelf geen kinderen had en bij wie ik altijd welkom was. Boven in het portiek zat een luikje dat ze opende als je aanbelde, met de enthousiaste begroeting 'ha zuster Christien', en als ik boven kwam, de donkere trap op met de Javaanse gong – ook zij had net als mijn moeder in Indië gewoond –, gaf ze me thee. Ik kon daar uren zitten, huiswerk maken, of we gingen op pad, naar de nachtegalen in het bos, die ik nooit zag maar dat deed er niet toe. Ik was bij haar. In haar voelde ik het leven. Zij was er, voor mij. Ik ben steeds beter gaan begrijpen wat ze voor mij betekend heeft. Ik kwam er voor het eerst samen met mijn vader, ik denk dat ik zes jaar was. Zij en haar man steunden mijn vader in zijn strijd voor het behoud van de Amsterdamse binnenstad, ook financieel, mijn vader had als beeldhouwer en schrijver een zeer bescheiden inkomen. Ik herinner me dat ik wilde blijven toen mijn vader vertrok. Zij vond dat goed, maar zei dat ze migraine had en even boven ging slapen. Niet erg, ik had mijn eigen bezigheden. Maar na verloop van tijd ging ik op kousenvoeten naar boven, deed zachtjes de deur van haar slaapkamer open, ging stil bij haar liggen, tegen haar rug aan, we sliepen uren, en toen we wakker werden was haar migraine over en was ik voor haar zuster Christien die altijd welkom was. Het ontroert me altijd weer als ik dit verhaal vertel: ik zie mezelf de trap op lopen, verbaas me over mijn vertrouwen dat dit kon, dat ik bij haar in dat bed mocht kruipen. Ik was een verlegen meisje dat bang was op school een beurt te krijgen, dat opzag tegen verjaarspartijtjes uit angst de spelletjes niet te begrijpen, maar ik wist toch ook voor mijzelf te zorgen door me bij haar te nestelen. De band met haar blijf ik voelen, ook lang na haar dood, ze blijft aanwezig, met haar montere stem en zin in het leven.

Echt alleen voel ik me zelden, ik leef in een netwerk van familie en vrienden, toen en nu. Zij zullen voor me zorgen als ik het begeef. Soms verschuiven ze van plaats, soms vervaagt iemand, anderen krijgen weer meer betekenis. Het is geen gesloten systeem: er komen nieuwe vrienden bij, met wie je een verwantschap voelt die soms gaandeweg helder wordt maar die je meteen, intuïtief, ervaart. Ook jonge mensen.

En dan was er – naast Egmond en vrienden – het werk dat me staande hield, de stukken die ik schrijf, de lezingen en cursussen die ik geef, vervullend werk, vaak verbonden met anderen. Het buitengebied waarin andere kanten van mij werden aangesproken. Waar ik kon opleven. Hier had ik een plaats, voelde me gewaardeerd en geïnspireerd, was ik iemand. 'Hier praat je vrij terloops over, blijf je wat vaag,' zegt een vriend na lezing van een eerdere versie van dit boek. 'Waarom geef je je werk en jezelf hier niet meer gewicht? Je bent hoogleraar, je hebt veel gedaan op je vakgebied, vernieuwende dingen, je hebt je sporen nagelaten, veel geschreven, veel betekend. Je hebt een positie.' Ik hoor het aan, zie mijzelf met zijn ogen, vind het fijn wat hij zegt, ontkracht het niet, maar voel tegelijk de angst me hier te veel te laten zien. Opscheppen, geldingsdrang: het was bij ons thuis uit den boze, dat deed je niet, dat gold als slechte manieren. Dat is versterkt in mijn leven met A, ook hij deed dat niet, maar voor mij gold dat verbod nog sterker want dat maakte hem kleiner. Hij beleefde iets al gauw als rivaliteit, en dat moest vermeden worden. Hij voelde zich vaak al zo ontoereikend, gaf hij als uitleg, al begreep niemand goed waarom. Ik moest dat vooral niet versterken door me groot te maken. De moeite, de schroom, om mijn plaats in te nemen blijkt ook hier. Het is hardnekkig, die bestraffende stem in mij dat ik een toontje lager moet zingen.

'Niet zo bedeesd,' zegt mijn klarinetleraar nu geregeld tegen me. Ik heb het afgelopen jaar mijn klarinet weer opgepakt, ben les gaan nemen. Ik heb vroeger veel gespeeld, raakte betoverd door het geluid van dit instrument toen ik het voor het eerst hoorde: het klarinetconcert van Mozart, gespeeld door Gervase de Peyer, ik zie nog zijn naam op de platenhoes in mijn ouderlijk huis, naast de pick-up op het tafeltje bij het raam. Dit was het geluid dat bij me hoorde, die lage tonen van de melancholie, de hoge vrolijke, het hele register van klanken. In mijn studietijd speelde ik vaak, maar toen ik bedolven raakte door werk en gezin had ik geen adem meer. 'Gebruik je adem,' zegt mijn leraar, een kwarteeuw jonger dan ik, 'geef een steviger toon, vertrouw erop dat die wel komt, ook bij lastige overgangen. Het is een dunne balans,' zegt hij nog eens, 'tussen voorzichtigheid en forceren, maar durf meer, durf er te zijn, je te manifesteren in de ruimte.' Ik laat het op me inwerken. 'Je beseft dat dit levenslessen zijn,' zeg ik tegen hem, hij begrijpt geloof ik wat ik zeg. Ik voel hoe basaal het is: adem, klank, niet bang zijn de ruimte in te nemen met mijn geluid.

*

'Hoe is dat zo geworden,' luidt de eerste regel van dat mooie gedicht van Judith Herzberg 'Vraag'. De vervolgregels 'Van altijd komen slapen/ Tot nooit meer willen zien?' zijn hier niet van toepassing, maar die eerste regel is in al zijn eenvoud de beste formulering van deze vraag die ik ken. Ik voel nu pas de ruimte om me die vraag te stellen, en deze niet langer op te bergen omdat ze je in je vaart en je oplossingen hindert. In de buitenwereld liet ik van me horen: mijn werk werd gewaardeerd, ik schreef en werd gelezen, ik gaf lezingen en er werd geluisterd, maar thuis raakten mijn vleugels ingeklapt en voelde ik me altijd op mijn hoede voor ontstemming. Mijn pogingen tot sfeerherstel hadden weinig succes, het benoemen van de positieve dingen kreeg iets wanhopigs.

Ik trok me steeds meer terug. De wereld van werk en vrienden voelde veiliger, betere grond. Er kon meer bloeien. Ik kon meer bloeien. Aan de keukentafel hadden we iets samen: we aten, we vertelden elkaar de dingen van de dag. Zijn dagen werden leger, de mijne voller, ook dat gaf spanning waarin ik behoedzaam moest zien te opereren. Ik dempte mijn enthousiasme, vertelde niet alles, vroeg naar dingen van hem, wat hij soms frustrerend vond want er was niks gebeurd. We waren allebei mensen van het woord, maar echt praten met elkaar konden we niet meer, we scheerden langs de lastige onderwerpen. We keken nieuws, en dan ging ik naar boven, want altijd werk te doen. Was ik maar vaker beneden gebleven om samen naar iets te kijken, maar in mijn eigen werkkamer voelde ik me meer op mijn plaats.

24

De laatste dagen voor zijn overlijden komen steeds terug. Hij ligt weggezonken, is niet meer bij bewustzijn, maakt onrustige, angstige bewegingen. Ik streel hem, zijn voorhoofd, armen, ik zeg dat hij niet alleen is, dat ik er ben. Dat straks de kinderen komen. Dat ik bij hem blijf. Hij lijkt rustiger te worden. Herkent hij in een onbewuste laag toch mijn stem, en werkt die geruststellend? Ik wil deze ervaring opslaan, als kleine glimp van contact dat er misschien toch was, buiten zijn bewustzijn om, verzonken in diepere lagen.

A overleed zondagochtend 27 februari 2022 rond 10 uur. Ik zat op de bank tegenover zijn bed, praatte wat tegen hem, luisterde naar zijn stokkende en weer op gang komende ademhaling, en naar de stilte. Ik had geen idee meer van de tijd. De jongste zoon sliep boven, in zijn oude kamer, ik wilde deze dagen liever niet alleen slapen in dit huis met A die met horten en kreten geleidelijk uit het leven gleed. De zonen waren veel geweest de afgelopen maanden, weken, dagen, hadden bij hem gezeten, films gekeken, eitjes voor hem gebakken. Ze kwamen en gingen en kwamen. Trouw, zich scherp realiserend wat zich aan het voltrekken was, zorgzaam, verlangend naar een persoonlijk woord, naar tekenen van waardering voor wie en wat ze waren, soms in stille nabijheid. Zijn dochters kwamen en hielpen. Zijn zusje zat soms uren woordloos naast zijn bed. Een paar nabije vrienden die hij om zich heen verdroeg waren de afgelopen periode gekomen, tot voor de laatste week toen alles hem te veel werd en hij geleidelijk wegzakte.

Die zondagochtend wilde ik dicht bij hem blijven, op de bank vlak bij zijn bed. De huisarts belde, vroeg hoe het ging. Ze had dit weekend haar dokterstas mee naar huis genomen voor het geval ze even langs zou moeten komen. Ik vertelde dat zijn ademhaling onregelmatig was maar dat hij daar rustig lag, dat ik in zijn buurt was en bleef. Dat het niet nodig was dat ze kwam, het was het begin van de voorjaarsvakantie, ze heeft kleine kinderen, je moet zuinig zijn op de mensen die voor je zorgen. Als het echt nodig is moet je bellen, zei ze nog en we hingen op. Het was opeens erg stil. Ik hoorde geen adem meer, ging naar hem toe, legde mijn hand op zijn voorhoofd, alles was stilgevallen. Dagen in afwachting van dat moment, maar het niet kunnen bevatten als het zover is. Die scherpe scheidslijn tussen nog in leven en echt dood. Ongrijpbaar. Het leven stokt, nu voorgoed.

Ik was blij dat mijn zoon er was, liep met trage zware stappen de trap op, bleef op de drempel van zijn kamer staan, hij ging meteen rechtop zitten, zag me en wist. Ik schijn nog gezegd te hebben: ik geloof dat hij dood is. We liepen naar beneden, het was onherroepelijk waar, we belden de anderen die snel kwamen, de oudste zoon, hun vriendinnen. Ontzetting, ontreddering, verdriet, hoe is het gegaan, iets dat een paar keer verteld moet worden voor het definitief waar is. Het besef dat er nu van alles geregeld moet worden, het gevoel dat we even een paar uur wilden wachten voor we de buitenwereld toelieten. Goed dat jij er bij was, zei mijn oudste zoon. Ik was daar ook blij om, dankbaar. Misschien dat het horen van mijn stem in het gesprek met de huisarts, ergens aan de rand van zijn bewustzijn, hem de rust gaf het leven los te laten. Ik hou dat gevoel vast.

25

Een jaar verder, zijn sterfdag nadert, ik maak opnieuw mee hoe hij op die oktobernacht gevallen was, hij zat aan zijn bureau te mailen diep in de nacht, wat hij vaak deed, radio aan, ik sliep al, een verdieping hoger, zag pas uren later dat hij daar lag, op de grond, achter zijn bureau en nauwelijks meer kon bewegen. Ik probeerde hem overeind te krijgen, tevergeefs, legde een matras neer, dat lag beter dan de harde grond, ik begrijp niet meer hoe ik dat voor elkaar kreeg, sleepte de matras met hem erop naar de woonkamer, legde dekens over hem heen. De ernst van de zaak hebben we op dat moment niet goed ingeschat. A was helder, dacht dat hij door dat lange liggen verstijfd was geraakt en hij zo wel weer kon bewegen. Niet te veel gedoe alsjeblieft. Ik bleef bij hem zitten tot het licht werd en ik de dokter kon bellen. Het bleek het einde te zijn van zijn mobiele leven. Hoe moeizaam dat ook al een tijd was, dit was definitief. De tijd van het ziekenhuisbed in de kamer brak aan, van de thuiszorg, van een leven aan huis en bed gebonden. Het zouden de laatste maanden van zijn leven worden. Hulpstukken werden besteld. De gang naar de medisch specialist werd geregeld, eindstation van maandenlange medische onderzoeken. Nu er iets gevonden was, bleek het fataal. Kanker, in de lever, was het onherroepelijke vonnis.

We zaten met de kinderen in de kamer van de specialist, een kundige en betrokken arts, een gesprek over de vooruitzichten, of er nog iets aan te doen was. Hij keek meelevend, maar kon geen sprankje hoop bieden, ook niet op enig respijt. De tumor was te groot, onbehandelbaar, en zijn conditie was te slecht om nog iets aan te durven. Hij probeerde het gesprek nog een wending te geven naar het geleefde leven, hoe A daarop terugkeek, en wat hij nog zou willen doen in de tijd die hem restte, maar deze afslag werd zwijgend aangehoord en niet genomen. We gingen stil en verslagen naar huis.

’s Avonds werd er aangebeld: of we zijn auto konden verplaatsen gezien de werkzaamheden de volgende dag in de straat. Glad vergeten. De autosleutel werd met moeite en tegenzin uit zijn tas opgediept, het slot ging nauwelijks open. De auto rook muf, stond al maanden stil, ongebruikt.

Hij had een bijzondere band met zijn auto, een rode Renault Laguna die veel reizen met ons had gemaakt. De auto was veel meer dan een gebruiksvoorwerp: het was zijn *extended body*, en dan een lichaam dat mobieler was dan het zijne. Als er iets mee was, raakte hij ontredderd. ‘Je zorgt beter voor je auto dan voor je lichaam,’ zei ik als ik me weer eens zorgen maakte hoe hij leefde: veel roken, nauwelijks bewegen, gestaag drinken, al vanaf de begintijd als journalist, dagelijks een vaste hoeveelheid: bier in de namiddag, wijn bij het eten en ’s avonds whisky met ijsblokjes om de zaak te verdunnen – ik hoor weer het opgewekte tinkelende geluid als hij ze in het glas deed. Hij beschouwde zichzelf zeker niet als alcoholist, ik heb hem ook nooit dronken meegemaakt, maar als je leest wat als zodanig geldt was hij een stevige drinker. Roken en drinken: een beroepsgewoonte van journalisten in die tijd die nu de een na de ander aan de gevolgen daarvan bezwijken. Wij vreesden longkanker, het was de lever.

Al reed hij de laatste maanden nauwelijks meer en hielden wij ons hart vast als wij meereden, de auto mocht niet weg, dat was duidelijk: het was een basisbehoefte. Ook nu hij zelf was stilgevallen moest niemand aan zijn auto komen, ook als gespreksonderwerp werd het gemeden. Het was een ding in afwachting.

Ik probeerde hem opnieuw in beweging te krijgen, de ANWB werd erbij gehaald, ook met een ingebrachte hulpaccu bleef de auto dood. De monteur wees fijntjes op de schimmel in de auto, schudde het hoofd, maar toen ik de situatie schetste van zieke man in bed gehecht aan auto, begreep hij het meteen en was uiterst behulpzaam. Een takelwagen rukte aan, want de auto moest weg, zieke of geen zieke. Met vereende krachten van monteurs, zoon en buren werd de auto de straat op geduwd en op de wagen getakeld. Ik maakte foto's, de doodverklaarde auto na de doodziek verklaarde man was te veel om aan te kunnen, maar je doet en handelt naar behoren en parkeert de emoties als iets voor later. Ook toen later was begonnen en het als verhaal verteld kon worden bleef het iets macabers houden, dit samenvallen van de ondergang van lichaam en auto, het verlengstuk van zijn lichaam. Een daverend signaal van het intredende einde.

De auto werd naar de garage gesleept, ter ziele verklaard en tot de sloop veroordeeld. Ik vertelde de monteur over de betekenis van de auto voor mijn doodzieke man, en hij bood begripvol aan hem ergens neer te zetten tot het moment daar was. Hun geduld was een geschenk. Ik had er in elk geval voor kunnen zorgen dat zijn auto er nog was zolang hij er nog was. Ik had toch nog iets kunnen redden.

26

Ik loop met mijn oudste zoon in een voorstad van Parijs, waar hij twee maanden woont, ik zou er een paar dagen blijven. Het is het vroege voorjaar van 2023, een tijd van stakingen en van het eerste voorgevoel van lente. We hadden veel achter de rug. Het schuurde af en toe tussen ons, maar dit leek ons een goed idee. Los van thuis, van het ouderlijk huis dat opgeruimd werd, waarin dingen werden verplaatst of weggedaan, niet altijd tot genoegen van de kinderen. Al begrepen ze goed dat ik me het huis eigen wilde maken, elke verandering betekende verder weg van wat ooit was.

De dagen die we samen doorbrachten waren ontspannen, we werkten 's ochtends en gingen daarna op pad, konden dingen bespreken die thuis beklemd waren geraakt. Toen ik weer vertrok werd ik opeens, onverwacht, overmand door verdriet, ik had weer even ervaren hoe gezellig samen kan zijn. Lopend naar het metrostation moest ik huilen, ik kon niet meer ophouden. Het was een vloed die van alles meenam, om te eindigen met het verdriet van geen afscheid hebben kunnen nemen, iets wat nooit meer goed kon komen. Mijn zoon liet me huilen, legde een hand op mijn knie toen we tegenover elkaar in de metro zaten, en zei toen troostend: met het boek dat je schrijft kan jij wel afscheid nemen. Ik was getroffen door deze woorden, ik voelde opeens wat schrijven kan doen, het kan de machteloosheid opheffen, ik kan terughalen hoe A ooit was, hoe wij waren; niet door dingen te verhullen of mooier te maken, maar door af te dalen in eerdere lagen van ons leven samen. De macht van het woord. Hij begreep het belang van dit boek voor mij. Zo ervoer ik het tenminste.

27

Ik probeer A terug te vinden, het lukt niet goed. Ik bekijk foto's, het is iemand die ik goed ken, zijn kleren, zijn vaste attributen, maar ik voel zijn nabijheid niet. Het maakt me verdrietig.

Het is zo anders dan bij mijn moeder, die een jaar eerder overleed. Ik kan haar aanwezigheid voelen als ik neerstrijk bij de wilg in het Vondelpark waar we zo vaak samen zaten. Ik ga daar geregeld heen, zondagochtend vroeg, rondom mij vogels en joggers, ik kijk naar de boom en de vijver, we zitten naast elkaar, ik op het bankje, zij in haar rolstoel, ze voelt de wind in haar gezicht, wat zitten we hier goed, zegt ze, fijn dat je er bent. Ze ontroert me. Ze is er.

In de zomer van 2023 reis ik naar Italië. Ik wil terug naar Verona, de sporen hervinden van de momenten dat we het samen goed hadden. We waren drie keer in Verona, hetzelfde hotel, in het centrum, vlak bij de rivier, met om de hoek een prettig terras waar we vaak heen gingen en A een campari soda bestelde. Je zag van daaruit het plein met de arena, en rechts een overdekte galerij met een ijswinkel waar we 's avonds een ijsje kochten, hij stracciatella.

Mijn hotel nu ligt vlak bij het station waar ik om middernacht arriveer, maar ik loop de volgende ochtend vroeg als vanzelf naar die plek. Ik word getrokken naar dat terras, ga daar zitten en heb een sterke ervaring van contact met hem, van een opening naar de perioden dat we het goed hadden en hij zijn zachte kanten liet zien. Het raakte me onverwacht heftig. Zo was hij ook, toen, daar.

Hij kon het, eenmaal thuis, nooit vasthouden. Maar ik kan het moment van toen wel vasthouden, na al die jaren, het heeft zich in mij bewaard. Dat is er óók geweest. Ik vind hem terug, maar ook mijzelf. Het wordt rustiger in me.

In de namiddag loop ik er weer heen, bestel een campari soda, voel hem naast me zitten.

Een jaar eerder, voorjaar 2022, een paar maanden na zijn overlijden, nam mijn zusje me mee naar Parijs. Ik genoot van daar weer kunnen lopen, tentoonstellingen zien, van onze vertrouwdheid. Ik wilde de laatste dag opeens naar de plek waar ik een paar keer met A geweest was, onze laatste reisjes, in een vast hotel bij het Jardin du Luxembourg, met een terras dicht bij waar we altijd heen gingen. Ik werd overvallen door wat het me deed, het was alsof ik openbrak, een niet te stelpen stroom van tranen en herinneringen: hoe hij daar zat, de krant opsloeg, wat hij bestelde, hoe gezellig het was in al zijn vastliggende beperking. Zijn bewegingsruimte was overzichtelijk, strekte zich uit van terras naar de winkel met films en muziek waar hij als kind al kwam, tot het restaurant waar we elke avond aten. Ik ging erop uit, naar tentoonstellingen en markten, en we vonden elkaar terug op de afgesproken tijd op het vaste terras. Hij keek blij als ik er weer aan kwam, vroeg geïnteresseerd wat ik gezien had, dat vond ik fijn. Als we ergens het relatie-ideaal van autonomie in verbondenheid konden leven was het op die korte reisjes. Waarom kon het daar wel? 'Je liep niet weg,' antwoordde hij toen ik hem deze vraag een keer voorlegde. Het raakte me. 'Ik kom toch altijd weer terug, ook als ik naar Egmond ga,' opperde ik voorzichtig. Maar dat voelde anders: dan was het voor hem alsof ik verdwenen was. Ik werd er stil van, dit was zoals hij het beleefde, ik kreeg even inzage in zijn basale gevoel van verlatenheid. Ik wilde er voor hem zijn, maar niet mijn leven omgooien. Dan zou ik zelf omkomen, was mijn diepe overtuiging. Ik wilde wel overeind blijven.

Ik wilde ook naar het park waar hij dan in de middag neerstreek, met zijn detective, tevreden momenten die thuis weer snel vervlogen. Daar, in de vertrouwde aanwezigheid van mijn zusje die hem ook goed gekend had en hem graag mocht, liet ik mijn tranen gaan. Ze stroomden zonder dat ik er iets over te zeggen had, alsof er iets in me brak wat me ook lang had vastgehouden, wat in mijzelf gestold was.

*

Hoe gaat het nu met je? De vraag na het verstrijken van het eerste jaar. Ik weet het niet goed.

'Ik dacht dat je vrolijker zou zijn,' zegt een vriendin met wie ik na maanden weer afgesproken heb.

'Ik hoorde je laatst weer hard lachen,' zegt een andere vriendin die me van lang geleden kent. 'Ik was daar blij om. Er was iets van je verdwenen. Je was in jezelf gekeerd geraakt.'

Ik geloof in grote lijnen goed, is het antwoord geworden. Het houdt de ruimte voor schommelingen en inzinkingen die fors zijn, maar waar ik het niet te veel over wil hebben. Het is laveren tussen stemmingen. Te lang stilstaan bij de kuilen en putten maakt dat ik er langer in blijf steken, maar deze negeren zet geen zoden aan de dijk, dan zijn de kuilen abrupter en onverwachter.

Dat zijn ze toch wel. Door onvoorziene dingen word ik uit het lood geslagen.

Zoals laatst op weg naar Zeeland, waar ik een lezing moest houden voor schoolbestuurders over het belang van het verhaal. Ik ging opgewekt op weg, het voelde als een uitje, een eind rijden, en dan die lange bruggen over het water die me het gevoel geven op reis te zijn. Eenmaal onderweg besefte ik opeens op dezelfde weg te rijden waar ik zo vaak met A gereden had – hij aan het stuur, ik ernaast –, op weg naar Antwerpen, of naar Saint-Valery-sur-Somme, plaatsen waar we graag heen gingen. Ik ging dan lopen, hij nestelde zich op een terras met krant en boek. Voor elke vakantie mocht een nieuwe thriller worden aangeschaft, vast onderdeel van de reisvoorbereidingen. Hij bestelde koffie of een pilsje, al naargelang de tijd van de dag, stak een sigaret op uit het rode Dunhillpakje. Een gehechtheid aan vaste gewoonten, die mij nu ontroert. We konden dit, wetend wat de ander prettig vond, elkaar daarin latend zonder verwijt of gevoel van tekort. Het leven thuis was vaak ingewikkeld en kende zijn vaste spanningen, maar hier konden we het leven aan, en hadden het goed. Eenmaal thuis werden we al snel overspoeld door alles wat moest. Bij hem leek zelfs de herinnering dan vervluchtigd. Mijn pogingen de voorbije dagen weer op te roepen waren vergeefs: hij keek me aan als van een andere planeet. Alsof er in hem geen bodem was die de dingen kon vasthouden. Vooral de goede dingen zakten snel weg. Ik begreep dat niet goed. Het maakte eenzaam, aan beide kanten. Maar het dagelijks leven eiste snel weer alle aandacht op.

*

De goede herinneringen aan die tochten blijken in mij opgeslagen: de weg die we zo vaak reden, met broodjes bij mijn voeten, goed belegd, vooral met vlees, die pas aangebroken mochten worden op de snelweg. Weer die verkeersborden passerend met de namen van plaatsen waar we dan altijd langsreden, weer de tinteling voelend van op weg te zijn, hij naast me, alsof er een last van hem was afgevallen, muziek aan, met zijn vingers licht roffelend op het stuur, die schaarser wordende momenten van tevredenheid. Ik was weer toen en daar, alsof ik onvoorzien in een oud spoor was terechtgekomen dat ik maar had te volgen. Een scherp verlangen naar toen, op weg naar iets wat vast goed zou worden, dat hadden we wel zo'n beetje in de hand. Vertrouwde plekken, waar je je geen buil aan kon vallen, als er tenminste niets veranderd was. Er was altijd het gevaar van verandering waardoor hij geheel van slag raakte, of het nou ging om het verdwijnen van een vertrouwde ijzerwinkel of van een broodjeszaak: er was dan iets voorgoed voorbij, alsof er een gat was geslagen in het weefsel van het leven dat niet te dichten viel. Mijn ongerustheid over zijn overmatige reactie, over zijn fatale gevoel van onherstelbaarheid, werd, zeker in onze begintijd, vaak weggeblazen door zijn bizarre kanten waar ik erg van hield. Humor hield ons vaak op de been, zijn gevoel voor absurditeit. Ook zijn vrienden noemen dat altijd weer, en hoe verlichtend en relativerend dat kon werken. 'Hij was de grappigste man die ik kende,' zei laatst de dochter van oude vrienden. Dan voel ik weer hoe ik die kant van hem mis, en hoe onvervangbaar dat is.

28

Ik kom, na een jaar, meer toe aan de vraag wat ik mis, wie ik mis, ik vraag het soms ook aan de kinderen. Ik voel hun verdriet, hun gemis, het verlangen naar een afscheid dat niet kwam – de kinderen hebben dit verschillend ervaren –, hun heimwee naar de dingen die er wel waren. Mijn blik, mijn geheugen, wordt ruimer: gaat meer bevatten van ons leven samen, van de man van wie ik veel gehouden heb, en die ik blijf terugzoeken.

Zoals het huis overwoekerd was geraakt door spullen, zo was mijn geest bezet geraakt door die laatste periode van het gemis aan contact, toen ik steeds meer het gevoel kreeg dat hij verdween en er een Dritte im Bunde de zaak in huis overnam: een kwade geest die alles lamlegde, mij verdreef, hem in zijn greep had en geen ontsnapping bood. Ook ik verdween. Ik had mijn vluchtwegen – Egmond, werk, vrienden – maar die waren geblokkeerd geraakt toen hij thuis lag in dat hoge bed, ziek, op mijn zorg aangewezen. Als ik nu aan hem denk komt de tijd ervoor weer sterker terug, wat we hadden en deden, de vrienden, de kinderen, de gezelligheid. Ik moet langer graven naar zijn warmte, die er ook is geweest. Ik kijk naar de foto waarop ik in ochtendjas dromerig uitkijk over het water – een foto van A uit onze begintijd –, zo keek hij toen naar me. Kort na de begrafenis hing mijn zoon die op in de keuken. Er is nog zo'n foto, uit diezelfde beginperiode, in Wenen, het Prater, waar ik, ook weer peinzend, kijk door de staken van het reuzenrad in maquettevorm. Een verre blik, met aandacht door hem vastgelegd. Ook deze foto hang ik op een plaats waar ik geregeld langsloop. Dit is er ook geweest: zijn oog voor mij, op mij.

Die blik verdween. Hij keek langs me heen. Hij verdroeg mijn blik niet meer, dacht dat ik boos naar hem keek als ik hem lief aankeek. Zijn blik raakte verwrongen, bezet door ervaringen uit het verleden die zich in hem gehaakt hadden en vast waren komen te zitten. Ook tijdens de relatietherapie keek hij me niet aan, wat me radeloos maakte. 'Kijken is ook licht naar de ander sturen,' schrijft Eva Meijer in haar dichtbundel *Het witste woord*. Niet kijken geeft duisternis. 'Hij kon je niet aankijken,' had de therapeut achteraf verduidelijkt, 'hij voelde zich dan, in zijn eigen woorden, weggezogen. Hij voelde zich verdwijnen als hij je aankeek. Alsof hij al zijn krachten moest bundelen om overeind te blijven, en kijken en luisteren voor hem al te indringend waren.' Het was dus niet tegen mij persoonlijk gericht, dat scheelde. Maar zonder blik geen contact. En zonder contact is het onbegonnen werk.

Ik heb hem niet kunnen redden. Terugkijkend besef ik dat onze liefde bloeide zolang hij dacht dat ik hem uit zijn gevoel van desolaatheid kon halen en ik vatbaar was voor dit verlangen. Wat me bij mijn moeder niet gelukt was zou ik nu wel klaarspelen. Een herkansing. Een onmogelijke opgave, waarna onverbiddelijk de teleurstelling volgde.

Niet lang geleden, aan het eind van de zomer van 2023, had ik een beklemmende droom waar ik niet los van kom. We waren ergens in een Italiaanse stad om daar iets met vrienden te vieren, een promotie? Huwelijk? We werden verwacht, maar hij wilde niet mee, niet meedoen; hij reageerde niet, ook niet toen ik zei dat ik dan toch wél zou gaan. Ik liep er heen, het was een eind lopen, een heuvel op, de vrienden zaten hoog op een tribune in een halve cirkel zoals in oude amfitheaters, met uitzicht op tuinen en boomgaarden en verderop een grote vijver. Toen zag ik A opeens in de verte de vijver in lopen. Hij koos niet voor de viering van de vriendschap maar voor de dood: hij zou onherroepelijk verdrinken. Ik moest iets doen. Ik moest hem redden, maar ik kon het niet meer halen, het was te ver weg. Ik wilde naar hem toe, ik moest naar hem toe, ik sprong op maar werd tegengehouden door mijn vrienden. Ze hielden me vast, 'je kunt hem niet redden, hij is te ver van je verwijderd.' Ik liet me vasthouden, voelde me verschrikkelijk. Ik moest voor hem zorgen. Ik heb hem niet kunnen redden. De dood en het leven komen in de droom heftig voelbaar in een helder beeld samen.

De droom blijft hangen, ik moet huilen als ik hem aan een vriendin vertel. 'Bevrijd die droom je niet van iets,' oppert ze hoopvol, 'je kon hem niet redden, de droom reikt het beeld aan.' Ik beaam het, maar het gevoel van onvermogen is sterker. Ik moet me neerleggen bij dit onvermogen, ervaar opnieuw hoe reddend vrienden voor mij zijn geweest: ze hielden me vast zodat ik niet ook kopje-onder zou zijn gegaan. Ze wilden voorkomen dat ik ook zou verdrinken.

Ik droom veel de laatste tijd, het komt bij vlagen, de beelden van de dag voegen zich bij wat er in me leeft en vormen nieuwe beelden die me ook vaak iets duidelijk maken. Ik bladerde gisteravond in een tijdschrift en mijn oog viel op de aankondiging van een film die A zo goed vond, *The Third Man*, met Orson Welles in de hoofdrol, met een foto van die geheimzinnige man, een in zwart gehulde gedaante, die steeds weer opdook maar ongrijpbaar was en weer verdween. Die man spookte vannacht in mijn huis, ik hoorde hem ritselen, zag een glimp, wilde er heen gaan, maar hij was alweer vervluchtigd. De onheilspellende sfeer verdween pas bij daglicht.

29

Hoe staat het inmiddels, een jaar sinds A's overlijden, met het huis? Er is veel gebeurd, het is lichter en schoner. Ik ben veel in de tuin, zit aan de tafel buiten, scharrel rond met de gieter, aai de poes die op mijn papieren is gaan zitten. Ik ben met de tuin begonnen, dat voelde als het minst belaste gebied: het verkommerde gras is weg, kreeg te weinig licht in een schaduwtuin als deze, er staan nu planten die hier goed gedijen. Ik heb een tuinman in de arm genomen met gevoel voor de zaak. De tuin lijkt groter geworden, ruimer, er bloeit en groeit weer van alles.

Er hangen foto's van A, in de keuken en de woonkamer, ik wil hem er bij houden.

Ik ga me hier steeds meer thuis voelen. Er komen vrienden die ik lang niet had uitgenodigd, het ongemak was te groot geworden. Hun aanwezigheid vult het huis. Ik zie door hun ogen hoeveel lichter het is geworden. Maar als de grond onder mijn voeten weg begint te zakken ga ik weer, als vanouds, in mijn werkkamer zitten, de plek waar ik me het veiligst voel, omringd door dierbare boeken, beeldjes, tekeningen.

Het verleden blijft in het huis aanwezig, maar ik kan ook weer verder kijken. Het is zoals de dichter Rutger Kopland schrijft in zijn bundel *Een lege plek om te blijven*: 'Een plek is uitzicht op vroeger, op later, op verte.' Doorgaand op de titel van zijn boek: het huis moest eerst geleegd worden om er te kunnen blijven. En daarmee komt er ook uitzicht op een ander heden en een later.

Ik maak een logeerkamer voor mijn nichtjes die in Italië wonen. Ik kan van zijn werkkamer een ruimte maken waar zijn bureau nog staat en de kasten met literatuur, waar zijn aanwezigheid blijft, maar waar ook jonge mensen kunnen schrijven. Ik zie opeens het huis in de Noorderstraat voor me waar in het souterrain mensen zaten te werken en waar ik de voorkamer een tijdlang verhuurde aan een schilder die ook opeens saxofoon ging spelen.

Mijn zwager helpt me met het ophangen van dingen. Hij komt soms samen met mijn zusje, gereedschap in rugzak, ik zorg voor het proviand. Samen met mijn zusje bepaal ik wat waar te hangen, hij boort gaten, plaatst schroeven en haken, wij hangen op, keuren, verschuiven, hangen weg en terug tot het goed is. Het huis wordt weer aangekleed, reageert, laat zijn vormen zien, ademt weer, wordt een geheel. Mijn zwager is onvermoeibaar, brengt orde in het woud van snoeren, raakt opgetogen van kleine vondsten antiek gereedschap. Hij vult scheuren in muren waaraan ik gewend was geraakt, stelt oplossingen voor waar ik nooit aan gedacht had. Ik moet van hem ook zelf een boor in huis hebben en een overzichtelijke kist met gereedschap. Ik ga in alles mee, vind het heerlijk om dit uit handen te geven, draag dingen af en aan, hou dingen vast, prijs zijn hulp, loop over van waardering. Dat hij dat allemaal voor mij doet. Dankbaarheid mag, maar met mate. Hij kijkt me vriendelijk aan, en zegt: 'ik doe het voor het huis. Zo mag je niet met een huis omgaan.' Die verwaarlozing doet hem pijn, hij vindt het een misstand. En dan, na een moment van stilte, wat strenger: 'Dat heb jij ook laten gebeuren.'

30

Ik vraag mensen te eten, mijn eigen vrienden en vrienden van A die gezamenlijke vrienden waren geworden maar op wie hij na verloop van tijd liever het alleenrecht had. Die hoorden bij hem, vond hij, anders kwam hij niet goed tot zijn recht. Dat voelden sommigen van hen ook aan, en hielden daar rekening mee. Een zeer nabije vriend belde als hij dacht dat ik er niet was, en als ik toch de telefoon aannam hielden we het kort, wetend dat A het anders vervelend zou vinden en hem dan misschien niet meer wilde spreken. Dat wilden we vermijden. We verbaasden ons hardop over onze eigen inschikkelijkheid, hadden er vaak wel een grapje over gemaakt, maar het toch in stand gehouden. Ruim een jaar na zijn overlijden nodig ik hem uit om te komen eten, het huis en ik waren zover, ik hoopte hij ook. Hij vertelde bij binnenkomst, met enige schroom, dat hij even een seconde lang had gedacht dat A hem open zou doen. Hij trad behoedzaam binnen, ook wel opgelucht dat het weer kon, schoorvoetend. Hij zag hoeveel lichter het was geworden, 'de schoonheid is terug' – een troostender zin had ik niet kunnen bedenken.

Ik had lekkere dingen gekocht, wilde hem een goede ovenschotel voorzetten, iets wat niet kon mislukken, zalm met courgette, wat gespannen of zijn bezoek en het eten zouden slagen. De schotel snel in de oven, toen opeens de elektriciteit uitviel. Beiden onthand en onhandig slaagden we erin de stop te vervangen, het licht ging weer aan, een nieuwe poging met de oven. Weer trad de duisternis in. Nu ging ook de verwarmingsketel ratelen. We konden dit niet anders ervaren dan de ontstemming van A, hij maakte bezwaar tegen dit bezoek, we waren in overtreding. We wilden ons, een jaar na dato, niet opnieuw laten kisten, we lieten de oven voor wat hij was en ik verwarmde het eten in een pan. 'Morgen een nieuw fornuis kopen,' besliste hij, hij nam opeens het heft in handen. Ik had muziek aangezet, maar het geluid – het waren opeens hoge schrille vrouwenstemmen geworden – bleek niet stop te zetten, het apparaat staakte. De verwarmingsketel ging nu sissen, we beleefden het beiden als misbaar van boven, maar namen het dappere besluit ons er niets meer van aan te trekken. We moesten hier doorheen, ook hij, het was de begeleidende muziek voor het gesprek dat nu de ruimte kreeg voor wat we al die jaren ervaren hadden en hoe we A hadden ontzien. We hadden het over zijn eigen behoedzaamheid, en zijn gevoel voor zorg en vriendschap. Over hoe hij hem miste. En hoe ik, opperde hij voorzichtig, me ook bevrijd zou voelen. De demonen zijn verjaagd, zei hij, met zijn Indische achtergrond, tot slot. Ze hebben vanavond nog even luid en duidelijk van zich laten horen.

*

De nicotinelucht hangt alleen nog in zijn werkkamer, is hardnekkig in de muren getrokken. Het is de kamer waar ik nog steeds met moeite kom. Hij blijft bezet door ordners, dozen, papieren, foto's, speelgoed, spelletjes – spullen waarmee ik niet goed raad weet. Ik verlies elke vaart en doelgerichtheid zodra ik er binnen ga. Ik doe de schuifdeuren snel weer dicht. Deze vormden de grens tussen zijn werkkamer waaruit anderen geweerd werden en de steeds voller wordende woonkamer die gedomineerd werd door de enorme televisie, een verjaarscadeau bedacht door de kinderen omdat hij het huis steeds minder uitkwam en veel tv-keek. De deuren vormen nog steeds een belangrijke afscheiding, nu tussen de licht geworden woonkamer en zijn werkkamer. De dozen met speelgoedsoldaatjes, miniatuurtanks en andere legeronderdelen zijn verkocht, een omvangrijke taak die zijn dochter op zich nam. Een deel van de door zijn vader gemaakte poppenhuizen is ter ziele verklaard en afgevoerd, een paar worden bewaard.

De uitgebreide collectie boeken over de geestelijke gezondheidszorg die een grote kast van onder tot boven vulde heeft een goed onderkomen gekregen, en dat geldt ook voor het tijdschrift waarvan hij jarenlang hoofdredacteur was. Plank na plank keurig ingebonden delen waarin de roerige ontwikkeling van de ggz in die jaren is terug te vinden, het blad dat hij tot een toonaangevend tijdschrift maakte met zijn oog voor kwaliteit en voor de thema's van de tijd: kritische psychiatrie, de patiëntenbeweging, de opkomst van therapeutische gemeenschappen, euthanasie, incest. Ik herlees zijn inleidingen, bondige signalementen van wat er in het nummer stond, geen samenvattingen maar de onderliggende thema's uitgelicht. Ik zie weer hoe hij avonden lang achter zijn bureau hieraan zat te werken, met een drang tot perfectie waarin de teleurstelling al ingebouwd was: mensen lezen intro's snel en oppervlakkig en zijn bondigheid werd soms wat cryptisch gevonden. Maar met goed genoeg nam hij geen genoegen, hij minachtte mensen die daar achtelozer mee omsprongen, en haatte het als die meer publieke waardering kregen dan hij. Inleidingen krijgen zelden erkenning, laat staan een prijs. Een paar losse nummers wil ik bewaren, de delen moeten wel compleet blijven, de verzameling intact. Het voelt alsof ik hem uit huis doe als de dozen de auto worden ingeladen op weg naar een zolder van een oud-collega die hem als mentor op dit gebied beschouwt. Een goed onderkomen, dat weet ik zeker, zeg ik steeds tegen mezelf, maar het voelt leeg en verdrietig als ze met de volgepakte dozen wegrijdt.

De kamer moet leger, de kamer wordt leger, maar lijkt zich elke nacht weer vanzelf te vullen.

Zijn dochter komt me weer een middag helpen, zoals ze dat al die maanden gedaan heeft, toen hij hier ziek in bed lag en ook na zijn overlijden. Ze kan dat als geen ander. Ze heeft wat meer afstand dan de jongens en blijft minder steken in een drang tot bewaren. Ze maakt vaart, sorteert, gooit weg, verschuift, richt in. Haar lichtheid en energie verjagen de zwaarte. Ik open verhuisdozen met daarin opgeslagen boeken: oorlog, steeds die oorlog, de kampen, de bezetting, de slachtoffers, de nasleep. Al was zijn familie veel meer getekend door het noodlottige ongeval met zijn zusje, de oorlog (voor zijn generatie is dat zonder toelichting de Tweede Wereldoorlog) bleef een belangrijk ankerpunt in zijn bestaan, zoals dat ook voor zijn vrienden gold; voor mij als naoorlogs kind ligt dat anders.

'Weg,' beslist ze, 'deze boeken wil je toch niet allemaal in je huis houden?' Ik heb haar goedkeuring nodig, de oorlog was een onwrikbaar onderdeel van zijn leven. Ze neemt het heft in handen, ik bezorg ze bij een vriend die in boeken doet. Ik draag zakken naar containers. Ze schudt het hoofd over al die verkommerde spullen, constateert peinzend hoe deze behoudzucht ook een vorm van verwaarlozing is: 'de mooie dingen verdwijnen in de chaos.'

Ik zit graag in de achterkamer in de vrijgekomen erker nu tv en kasten daar verwijderd zijn, vaak in zijn stoel, bij het binnenvallende licht vanuit de tuin, met zicht op het kastje dat mijn vader als jongeman voor zijn moeder maakte. Daarboven een litho van het Wad zodat ik ook thuis de zee kan zien. Tekeningen van mijn moeder aan de muur. Naast mij een foto van A uit zijn begintijd als journalist, jong, met dat intelligente licht vorsende gezicht, en de attributen die een leven lang bij hem hoorden: de tas, de sjaal, de sigaret. De foto hing de bijna veertig jaar dat we hier wonen wat slordig aan de muur van de wc geprikt, ze heeft inmiddels een upgrading ondergaan: mooi ingelijst hangt ze nu in deze kamer, op ooghoogte vanuit de stoel. Ik groet hem dagelijks. Hij is erbij. Of het zijn zegen heeft, deze veranderingen, betwijfel ik, maar zijn sceptische blik heeft nu aan kracht verloren. Hier speel ik nu klarinet, de kist staat geopend op het lage kastje dat mijn zoon voor me op de kop heeft getikt en dat wonderwel past bij het huis. Het geluid vult de kamer, de klank blijft hangen, mag voller, minder bedeesd voor de hoge tonen en de overgangen.

De kamer is intussen geverfd. De litho en ets die we van zijn beste vriend kregen bij de geboorte van onze zonen hangen weer op hun plaats. Maar de tv die altijd aanstond – voor hem een lijn naar de buitenwereld, voor mij een bron van ongenode stemmen die elke poging tot contact frustreerden – is nog altijd niet aangesloten.

Dat ergert de zonen, die alle zondagavonden voetbal met hem keken. Maar ik weet niet goed hoe dat moet, de paar handige mensen aan wie ik het vraag weten het ook niet, en waarom helpen de kinderen me dan niet even, maar er is ook een soort traagheid in me die elke opwelling van doortastendheid weer laat inzakken. Ik ben bang dat als de tv aangesloten is en de jongens weer voetbal kunnen kijken, ze A juist erg zullen missen. De tv staat nu in een andere hoek van de kamer, niet meer als bepalend object als je de kamer binnenkomt, als focus van het vertrek, als spil van het leven. Zou dan niet het verschil met hoe het was nog pijnlijker zijn?

Maar ik heb eigenlijk vooral het gevoel dat de kamer er nog niet aan toe is. Ook de kamer moet zich legen, bijkomen van al die jaren in dienst van dat grote zwarte apparaat dat de kamer vulde met stemmen en beelden, en het licht uit de tuin weghield.

Ik zit stil in die stoel op de plaats van de tv en voel geleidelijk een rust in me neerdalen.

Ik houd de schuifdeuren nog steeds gesloten. Mijn zoon opent ze zodra hij de kamer binnenkomt, woordloos, loopt A's werkkamer binnen, pakt wat, en laat de deuren open. Ik denk dat hij zijn vader bij het huis wil betrekken, niet wil dat diens domein een afgesloten ruimte is, en zijn vader opgesloten. Ik vraag hem er niet naar, de handelingen spreken voor zich.

31

Het eigen maken van het huis gaat, zo wordt steeds duidelijker, niet zonder slag of stoot, en niet zonder schuring. De betekenis van de spullen ligt voor mij en de kinderen verschillend. Voor hen horen films en muziek onverbrekelijk bij hun vader, en vormen een belangrijk bestanddeel van wie hij was. Voor mij ligt dat iets anders: ik heb meer met zijn taal en tekst, zijn blik en het snel doorgronden van wat er speelt, en met ons gedeeld verleden. Zo was de plaatsing van de kast met zijn platencollectie in de nu leeggeruimde en geverfde diepe hoekkast in de kamer – ik kom er zo uitgebreider op terug – voor mij een goede oplossing: de kast bleef bestaan maar was niet langer overheersend, stond nu achter een deur die open en dicht kan. Maar voor de kinderen bleek dit onverwacht pijnlijk. Ze hebben sterke en goede herinneringen aan hoe ze hun huiswerk maakten en hij zat te werken, te bellen, een stuk te typen, wat mompelde, een sigaret opstak, en dan door de open schuifdeuren de kamer binnenkwam om een andere plaat uit de kast te pakken, een woordje te wisselen. Voor hen levende herinneringen aan een bezige aanwezige vader, voor wie die muziek een levensader was. Ik zat dan vaak boven in mijn kamer te werken, luisterde met één oor naar de geluiden van beneden. Waarom ben ik er eigenlijk niet vaker bij gaan zitten? De plicht van het werk riep, maar waarom die niet vaker in de wind geslagen? Ik besef met terugwerkende kracht dat ik hierdoor ook veel gemist heb.

Voor mij was boven aan het werk zijn een vorm van aanwezigheid terwijl ik mijn eigen dingen kon doen, maar in de ogen van de kinderen was ik er niet bij want boven. Het is iets wat me aan het denken zet nu ik mijn eigen leven en oplossingen vanaf een afstand probeer te overzien. Even een sprong weg van de platen, maar ook dit vormt een kant van de herinneringsnalatenschap. Ik werkte veel thuis, met oppas, had een veeleisende baan waarvoor ook 's avonds en in het weekend van alles gedaan moest worden, maar ik voelde me sterk verbonden met wat er in huis gebeurde. Toch beleefden de jongens me, blijkt nu, als afwezig: je ging altijd naar boven. Verlating. Werken hier de archaïsche beelden door van wat een moeder moet zijn: aanwezig, gericht op het gezin? Hoeveel ruimte krijgt de moeder? Zijn dit taaie restanten van traditionele man-vrouwbeelden die ondanks de toegenomen gelijkheid doorwerken? Deborah Levy reikt me in een paar bondige zinnen een antwoord aan: 'Wanneer onze vader de dingen doet die hij in de wereld moet doen, begrijpen we dat dit zijn goed recht is. Als onze moeder de dingen doet die ze in de wereld moet doen, vinden we dat ze ons in de steek laat.'

Als analyse juist, raak geformuleerd. Zo is het, daarin schuilt een van de vormen van blijvende taaie ongelijkheid. De moeder is verantwoordelijk voor het gezinsgeluk en krijgt de schuld als iets hierin hapert, dat is een constante, maar de aard van het verwijt verschuift: was dat eerst haar drukkende frustratie door gebrek aan eigen kansen, nu is het haar afwezigheid vanwege werk.

Maar een verwijt verwijst naar een verlangen, besef ik nu ik er anders naar kan kijken. Ik ging altijd naar boven, werk te doen, veilige plek, in de hoop, de veronderstelling, dat ze het beneden gezellig zouden hebben. Ik stapte uit een sfeer die onveilig kon worden – zijn plotselinge boosheid, onverwachte uitvallen, driftig wegbenen – maar hoe veilig voelden de kinderen zich dan? Liet ik ze dan niet over aan die soms plotseling optredende ontstemmingen? Wilden ze graag dat ik bleef? Ik heb me dat toen onvoldoende afgevraagd, werk was een nu ook voor vrouwen legitieme reden om zich even aan het gezin te kunnen onttrekken. Hoe kan je je dat nu niet afgevraagd hebben, zegt het inmiddels volwassen kind. Ik schrik, val stil. Ik zie mezelf opeens zitten tegenover mijn vader, toen al een oude man, met de pijnlijke vraag die ik hem als volwassen dochter eindelijk durfde te stellen, of hij zich ooit had afgevraagd wat het voor ons kinderen betekende als hij zijn radeloze vrouw aan ons overliet. Hij schrok, en zei na een tijdje zachtjes: 'nee, dat heb ik me niet gerealiseerd. Ik dacht dat ik de last daarvan droeg.' 'Hoe kan je dat nu denken,' zei ik verbaasd en ook ontsteld, 'hoe kan je daar nu niet over nadenken?' Die vraag stel ik nu mijzelf. Ik voel me weer terug in die drukke overladen tijd: het was overleven, het was alle zeilen bijzetten, ik kon daar toen niet bij stilstaan. Die ruimte heb ik nu: het zicht wordt vollediger. Perspectieven verschuiven. Confronterend.

Het luik naar vroeger opent zich verder, ik begin nog iets anders te beseffen. In de spanning tussen kinderen en werk gaat het niet om het aantal uren dat de moeder werkt, buitenshuis of in haar kamer, maar of ze er echt is als ze thuis is. En hoe ze dan is. Ik herinner me opeens hoe de stem van mijn moeder veranderde als ze vertelde over die gelukkige jaren dat ze als twintigjarig meisje een tijd in kasteel Oost woonde, een kunstenaarskolonie vlak bij Maastricht, en niets anders deed dan tekenen. Ze hield van ons, wilde ons, 'dat was mijn taak, daar stond ik voor' hoor ik haar nog zeggen. Ze zorgde voor ons met liefde en toewijding, maar je voelde soms haar drang om te tekenen, en hoe wij haar dan ook in de weg zaten. Het echte geluk leek elders te liggen, vóór onze tijd, zo ervoer ik het tenminste als kind. Onze kinderen hebben gezien hoe ik op kon fleuren van mijn werk, soms voldaan en geïnspireerd thuiskwam en erover wilde vertellen, maar dat sloeg dan vaak dood, waarop ik stilviel. Ze moeten gezien hebben dat ik in de relatie met A wegviel en buitenshuis aanweziger was dan thuis. Het werk vroeg veel – leiding geven aan een afdeling, aandacht voor studenten, het vlot trekken van vastgelopen vrouwelijke promovendi, mijn specialiteit volgens A –, maar het gezin ging bij mij voor. Misschien voelde dat voor de kinderen anders: dat het werk voor mij belangrijker was omdat ik daar vaak enthousiast vandaan kwam. Het zijn verwijten die vaders minder gemaakt worden, maar dat neemt mijn vatbaarheid voor hun gevoel van gemis niet weg.

Terug naar de kast en de platen die jarenlang – de kinderen waren al uit huis – bewegingsloos in de kast stonden, als een gestorven deel van hem. Toen de kamer na de rigoureuze opknapbeurt weer werd ingericht, wilden de kinderen de kast met de platen terugzetten waar hij ooit stond, waar hij hoorde. Ik wilde de muur leeg houden, maar voelde de kracht van hun wens en boog mee. Ik wilde hen tegemoetkomen, niet star zijn, de sfeer prettig houden, en werd daarmee vaag. Onduidelijk. Ik liet het eigen idee onder de voet lopen, wilde geen gedoe, kon niet meer rustig denken, wilde me terugtrekken tot ik weer alleen zou zijn en de rust hervinden voor de eigen blik. Ik haat deze eigen vervaging. Zo flink in de buitenwereld, zo krachteloos in eigen huis.

Na het eten en hun vertrek ging ik in de kamer zitten, in de stoel van A tegenover de kast, ervoer een tijdlang in stilte de kamer. Ik had de kast een kans willen geven, maar deze bleef voor mij een duistere gestalte waar het leven uit was geweken. Ik wist opeens zeker dat het me met die kast op die plaats in de kamer niet zou gaan lukken. De kast moest verplaatst, niet weg, maar minder aanwezig. Mocht ik dat doen? Ja, dat mocht ik doen, dat moest ik doen wilde ik me niet opnieuw laten verjagen. Het werd steeds noodzakelijker om te doen. Het was nu mijn huis, moest ik een paar keer hardop tegen mijzelf zeggen.

Ik lag er wakker van, het voelde als een zware klus voor de boeg die veel zou oproepen. Steeds weer onvoorziene voetangels en klemmen, die bij nader inzien wel weer thuis te brengen waren als onderdeel van dat ingewikkelde rouwproces om een man die moeilijk kenbaar was, en wiens spullen zijn nalatenschap vormen. Straks was hij helemaal verdwenen, zijn spullen waren de sporen van wie hij was geweest. Dat vroeg om behoeden en behouden. Maar die spullen hadden voor ons een verschillende betekenis, en stonden mij in de weg om verder te kunnen. Ik moest ze bewaren, en ze moesten weg.

De volgende ochtend kwamen mijn zusje en zwager. Mijn zusje versteende toen ze de kamer binnenliep en die kast zag, draaide zich naar me om, en zei alleen maar: 'dat wilde je toch niet?' Ze zei het hardop, waardoor het meer bestaansrecht kreeg. De kast transformeerde tot een klein slagveld van strijdige behoeften en verlangens. Het voelde voor mij als een oud gevecht waarin ik zo vaak had meegebogen, uit angst voor wanklank en ontstemming. Mezelf onhoorbaar gemaakt, laten maken. Dat moest veranderen, anders werd het nooit meer wat met me: zo basaal voelde het, alsof ik anders in iets bleef hangen wat me al zo lang beperkt had. Maar de stem van de kinderen bleef ook luid in mijn hoofd klinken. Mijn vindingrijke zwager bedacht de oplossing: de kast met inhoud bewaren, maar iets meer naar de achtergrond verplaatsen. Voor mij een ideaal compromis. Voor de kinderen bleek het anders te liggen: het was alsof ik hun vader in de kast had gestopt. Ik had het ook nog zonder overleg gedaan. Daar hadden ze gelijk in, maar het was nu toch mijn huis?

Het onderzoeken van de betekenis van de dingen, het verdragen van verschillen: het was de fase waarin we nu terecht waren gekomen. Onverwacht ingewikkeld. Ook af en toe onverwacht pijnlijk. Hun verdriet kon ik niet wegnemen, daar moest ik mee zien te leven. Ook dat was iets wat ik te graag gewild had: zorgen dat iedereen zich goed voelde.

Het opruimen en eigen maken van het huis legde steeds nieuwe lagen bloot. Ook de laag van het ontbrekende gesprek over de dingen die ons dwarszaten. Misschien dat ook daar nu de schoen wrong: niet in het verschil van mening maar in het onvermogen om het in ons gezin daarover met elkaar te hebben. Wij opereerden als ouders steeds meer los van elkaar, ons ontbrak gezamenlijkheid. Misschien is dat ook waar de kinderen naar verlangden, en wat ze gemist hebben. En stond het op eigen houtje verplaatsen van die kast symbool voor het gebrek aan overleg.

32

De kelder was neutraler terrein, maar ook hier lagen, ondergronds, sporen van ons samenleven.

Ik open de deur naar de kelder, sinds kort opgeruimd en fris geverfd door de buurvrouw, vliegenblauw zoals ik ooit zag op Griekse eilanden. Met kracht stijgt opeens uit de fundamenten van het huis een herinnering op: de ondergelopen kelder. De kelder was A's gebied. Ik kwam er niet graag, beducht voor wat ik aan zou kunnen treffen. Maar de kelder liep onder. Er moest iets met de kelder. We hadden het erover, maar er gebeurde niets. We moesten iets doen, vond ik, en ik bleef zitten aan de keukentafel. 'Laat nu maar even,' zei A met een gebaar alsof hij dat er niet ook nog bij kon hebben, 'dat komt wel.' 'Wanneer dan?' vroeg ik, een vraag die hem, zoals verwacht, irriteerde.

Doe dan zelf iets, zou ik mezelf nu willen toeroepen. Beweeg, handel, zit daar niet zo stil en bevangen.

De kelder liep verder onder, er gebeurde niets. Er stond van alles, maar wat precies? Ik ging niet kijken om poolshoogte te nemen.

Ik weet niet meer hoe lang we met de ondergelopen kelder leefden. We hielden de kelderdeur zo veel mogelijk dicht, alsof je daarmee het onheil weg kunt houden. Het weten en de deur dichthouden: voor mij is dit symbolisch voor hoe we toen daar leefden.

Het werd te erg: de lucht, het gevoel op stijgend water te leven dat we er niet onder konden houden. De kelder werd leeggehaald door kloeke mannen in grote laarzen, er kwam een ongelofelijke troep uit van half vergane dingen die voor zover niet meteen weg gekieperd zolang in de tuin gedeponeerd werden. A sloot zich op in zijn werkkamer, kon deze chaos en ontwrichting niet aan. Hij wilde het huis niet verlaten, zijn laatste bastion waarvan de fundamenten nu zichtbaar waren ondergelopen. De operatie tastte hem aan, ravage van buiten en van binnen.

Wat me nu vooral bezighoudt is mijn eigen verlamming. Waarom kon ik dit niet daadkrachtiger aanpakken? Was zijn zwaarmoedigheid zo onder mijn huid gekropen dat ik daar maar alleen bewegingsloos zat, alsof ik er niet bij was? Ik kijk naar mezelf met lichte ontzetting. Ik kon het aan niemand uitleggen. Ik begreep het zelf ook niet goed. 'Depressie verlamt,' vertelt een bevriende psychiater, 'er verandert iets in je affectieve klimaat.' Ze kende hem, had hem lang van de zijlijn meegemaakt als voorzitter, schrijver, redacteur; ze had hem toen na jaren een keer zien staan, bij onze voordeur, schrok: er hing zo'n somberheid om hem heen dat ze instinctief zich ervan weg had bewogen.

Het woord depressie viel, het viel vaker bij bevriende psychiaters. Zeiden ze dat ook tegen hem of alleen tegen mij? Een vraag die vreemd genoeg nu pas in me opkomt. Ze vroegen me of hij antidepressiva gebruikte, nee, dat wilde hij niet. Als ik die mogelijkheid opperde woof hij die geïrriteerd weg. Hij was niet depressief, zei hij dan, hij was gewoon somber, en daar had hij alle reden toe.

Er waren vaker mensen die ongerust tegen mij zeiden dat ze hem gehuld in intense zwaarmoedigheid hadden zien fietsen. Of er iets gebeurd was. Als ik hem dat vertelde deed hij het af met de zin: dat is mijn gewone gezicht.

Het was waar dat dit vaker zijn gewone gezicht was, maar zo was het niet altijd, en ook niet altijd geweest. Laatst was ik met mijn jongste zoon naar een oude bekende in Friesland die een tijdlang jaarlijks een aantal vrienden uitnodigde om paling te eten, een vrolijk gezelschap, er werd altijd veel gelachen en gedronken, veel verhalen over en weer. Hij vertelde mijn zoon hoe A dan genoot van het eten en de verhalen, en zelf ook een gangmaker kon zijn met onverwachte vragen en opmerkingen. 'Hij was een levensgenieter.' Mijn zoon dacht hier even over na, en zei toen, met de precizie die hem eigen is: nee, dat was hij niet. Hij was wel een genieter van lekker eten en goed gezelschap.

Dat kan dus, die sterke afwisseling in één persoon van lichtheid en humor en aan de andere kant zwaarmoedigheid. Ik ben blij dat ik ook deze lichte momenten weer terugkrijg: ik zit weer aan die tafel, toen en nu, en doe me tegoed aan het eten, het gezelschap en de herinnering. Ik mis zijn humor, zijn onverwachte en vaak rake opmerkingen. Het valt me moeilijk er één persoon van te maken, zo verschillend als zijn kanten konden zijn. En zo abrupt de omslag.

33

Emotioneel labyrint: ik las die term in de trein in een boek van Hilary Mantel, *De geest geven*. Ik vond het een mooi begrip, een geschenk: een passend beeld bij het gezoek naar de juiste paden in de hoop een uitgang te vinden; bij de poging de loop ervan te doorgronden, altijd weer verrast door onvermoede wendingen, zoekend, niet vindend, de plattegrond niet begrijpend, het blijven dwalen, en weer in oude sporen terechtkomend – was ik daar niet al geweest? De moedeloosheid of je wel op de goede weg bent, de angst er nooit uit te komen. Ik was blij met het woord, besef hoe complex de paden zijn, dat samengaan in één persoon van lieve behulpzame en destructieve kanten.

Die lieve kanten waren er. Als een van ons naar het ziekenhuis moest veerde hij op, ging mee, installeerde zich met krant en saucijzenbroodje, geen haast, geen ongeduld. Dan was hij nodig, had een heldere taak, voorzag in een welomschreven behoefte.

Toen ik een paar jaar geleden een oogoperatie kreeg was hij heel lief en behulpzaam, vond het fijn me erheen te rijden. We gingen na afloop naar Monnickendam, een terras aan het water dat hij kende, we hadden het in tijden niet zo gezellig gehad. Ik voelde als altijd een glimp van hoop dat het nu misschien verder goed zou gaan en we gezellige dingen konden doen zoals dit: geroosterd brood met paling op een gewone dag in de week, dat zou toch mogelijk moeten zijn. Het andere oog moest ook, twee weken later, ik zag er erg tegen op maar verheugde me op de nazit, nu een sprong verder: Hoorn. De operatie slaagde, ik was opgelucht, maar de stemming was anders: hij was zwaarmoedig, kon geen parkeerplaats vinden waardoor we even moesten zoeken, de lichtheid was verdwenen. Hij was niet langer nodig, was de uitleg die op de terneergeslagen terugreis volgde. 'Ik kan me toch niet elke week laten opereren,' verzuchtte ik naast hem, hopend dat deze wat macabere humor de stemming zou verlichten, 'jammer dat ik niet nog een oog heb.' Een antwoord dat hem wel beviel.

Als je nodig was, was je veilig, ik denk dat het daarop neerkwam. Dan was je zeker van je plaats en betekenis. Gewoonten gaven ook houvast, veiligheid, ze kregen een haast ritueel karakter. Hij deed vaste dingen met zijn kinderen: kocht speelgoed, poppetjes, objecten uit de film *Star Wars* die hij vaak met de kinderen bekeek, sloeg zijn slag op de vrijmarkt, ook voor kinderen van vrienden. Hij ging altijd mee naar voetbalwedstrijden, ook bij slecht weer stond hij trouw aan de lijn. Hij keek geregeld films met ze, schoof aan bij Batman, lang de held van onze oudste zoon. Het waren precies de dingen die zijn eigen vader met hem had gedaan toen hij klein was. Vertrouwd terrein. Ongevaarlijk. Veel van de herinneringen van de kinderen zijn hiermee verbonden. Ik hoorde daar niet erg bij, ik had daar misschien meer moeite voor moeten doen.

Hoeveel hij voor anderen betekende ervoer ik toen hij ziek werd en na zijn overlijden: de verhalen over hoe hij mensen inspireerde. Nog steeds kom ik mensen tegen die vertellen hoeveel ze aan hem gehad hebben. 'Hij was het geweten van de geestelijke gezondheidszorg,' zei laatst een bevriende collega die hem jaren had meegemaakt tegen me. 'Hij zag wat er speelde, prikte door dingen heen, doorzag de praatjes. Had de nodige scepsis bij gejuich over nieuwe benaderingen. Ik dacht laatst weer: wat zou A hiervan denken? Ik mis zijn stem, zijn oog. Hij was voor ons jarenlang een baken.' Ik hoor dat graag. Het blijft voor buitenstaanders soms verbazend dat hij, autoriteit op dit gebied, zelf zo leed onder zijn zwaarmoedigheid, ging hij dan zelf niet in therapie?

Ja, dat deed hij, net als ik veelvuldig en langdurig. Hij was ervan overtuigd dat dit hem voor erger behoed heeft. Dat gold ook voor mij: hier konden we elkaar de hand geven.

In de stroom brieven die ik na zijn overlijden kreeg komt steeds terug hoe gezaghebbend zijn stem was: hoe hij studiedagen voorzat, de scherpte waarmee hij kon luisteren en dan net iets zei dat tot nadenken stemde, zijn afkeer van clichés, van wollige taal, maar ook hoeveel hij deed voor vrienden in nood. Geen moeite was dan te veel: hij reed zo naar het diepe zuiden of hoge noorden als een goede vriend in ziekenhuis of inrichting zat. Dan hield hij controle, als voorzitter, eindredacteur, bij hulpbehoevende vrienden – dat zal de gemeenschappelijke noemer zijn geweest. Echt contact kreeg je niet, zeiden de vrienden die op zijn begrafenis spraken. Je moest niet te dichtbij komen.

Het labyrint bleek dus wel een aantal duidelijke wegen te hebben, paden die geleidelijk verlicht werden. Het pad van het nodig zijn: zolang je van nut bent blijven mensen wel bij je. De veiligheid zat niet in het contact. De verlatingsangst was zo groot dat hij zich aan intimi als ik niet durfde te hechten. Ik kon immers verdwijnen, zoals eerder in zijn leven dramatisch gebeurd was. Dat zou hem niet nog eens overkomen, beaamt een psycholoog die hem goed kende in een gesprek een paar maanden na zijn overlijden. Ik hoefde hem weinig te vertellen. De dood van zijn zusje heeft hem hard getroffen, vervolgde hij, maar als de hechting met zijn moeder beter was geweest, had dit hem niet zo geraakt als nu het geval was. 'Door de verbinding niet aan te gaan voorkom je dat je verlaten wordt,' verduidelijkte hij. Het klinkt logisch, al bewerkstellig je daarmee waar je zo bang voor bent. In terugblik begrijp ik het patroon, maar in het geleefde leven voelde het als doodlopende paden met onverwacht schrikdraad.

Het is me, achteraf, helderder geworden. Het begrijpen zou

me wel veel bespaard hebben. Ik heb over niemand zoveel en zo wanhopig nagedacht als over hem. Het had een soort kleefkracht: ik wilde het begrijpen om er greep op te krijgen, en het ontglipte me steeds. Maar al zou ik het eerder begrepen hebben, het ging bij hem, werd me pas later duidelijk, om een verlangen waarin ik niet kon voorzien. 'Voel achter zijn boosheid het verlangen,' zei mijn toenmalige psychotherapeut ooit tegen me. Een zin die me toen enorm irriteerde, alsof ik hier weer het begripvolle werk moest verrichten. Dat verlangen was te ver weggestopt om voor mij voelbaar te zijn.

34

'Is er nog leven na A?' vraagt iemand die hem van vroeger kende me op een borrel, ik waag me langzamerhand weer aan publieke bijeenkomsten. Ja, zeg ik aarzelend, en voel de verwachting van een gepast antwoord in de lucht hangen: woorden van verdriet en verslagenheid. En ja, dat klopt, maar er is ook iets anders: ik voel me juist voor een deel weer tot leven komen. Het is iets dat ik alleen fluisterend kan denken. Ik besef dat een dergelijk antwoord niet goed zou vallen en veel uitleg zou vragen, daar is het niet het moment voor, en de zin om mezelf uit te leggen ontbreekt me buiten intieme kring al helemaal. Zo'n antwoord zou een aantasting betekenen van een beeld dat mensen liever willen behouden. Zoiets wordt ongepast gevonden, maakt ongemakkelijk. Het beeld blijkt gecompliceerder en getourmenteerder, het confronteert mensen misschien met pijnlijke vragen over wat ze zien en wat onzichtbaar blijft, over het contrast tussen buitenwereld en binnenwereld, en over taaie patronen van dominantie en onderschikking.

Dat laatste houdt me enorm bezig. Jaren feministische strijd weten deze dieptelaag vrijwel intact te laten. Overal zie ik dit patroon opduiken: hoe vrouwen inschikken, gericht zijn op het voorzien in de verlangens en behoeften van hun mannen en het gezin, ik zie het aanpassen, het faciliteren, het ruimte geven die je zelf niet opeist, het uitleggen, het zich moeten verdedigen, het de ander de veren laten plukken van gezamenlijk werk. Het is een andere laag dan die van de wetten en de regels, ongrijpbaarder, taaier.

*

Nu ik de buitenwereld weer meer toelaat doemen in gedachten twee soorten reacties op: wie ben jij dat je het beeld van deze zo gewaardeerde man aantast? Ja, wie ben ik dat ik dat mag doen.

Naast deze kleinerende stem hoor ik een andere reactie: hoe schokkend dat je zo over je heen hebt laten lopen, dat hadden we nooit van jou gedacht. Een aantasting van het beeld dat anderen van mij hebben, wat ik niet minder pijnlijk vind.

Ik besef opeens dat die twee denkbare reacties over hetzelfde gaan: plaats durven innemen, blijven staan, je niet uitleveren aan de wensen en behoeften van de ander. Plaats innemen in de relatie, wat me steeds minder lukte, en wat ik nu herstel, in het huis, met dit boek. Het huis wordt eigener, ik voel me er weer meer in bestaan. En in dit verslag van mijn zoektocht naar wat ooit was en hoe dit werd kijk ik steeds sterker naar mijzelf, wat ik deed en naliet, waar ik naar verlangde en waar ik bang voor was. 'Ik kon niet tegen hem op,' verzuchtte ik laatst tegen iemand die hem van nabij kende. 'Maar dat kon niemand,' riep ze uit, 'dat kon echt niemand. Hij was zo bepalend, door zijn stemmingen, de scherpte van zijn woorden, zijn oordelen.'

Dominant en weerloos. Een weerloosheid die mij vasthield. Het ontginningswerk brengt me verder, roept nieuwe vragen op, geeft zicht, inzicht. Ik zie scherper onze emotionele voetsporen, wat we beiden van huis uit meekregen en meenamen, en hoe de ruimte van binnen en buiten steeds kleiner en benarder werd. Hoe er iets stilviel, al werden de bewegingen voortgezet. Maar al neemt mijn inzicht toe in dit proces, het blijft toch bij vlagen iets raadselachtigs houden. Ik moet het steeds opnieuw terughalen en in woorden vangen: wat is er toch met ons gebeurd?

*

Een beeld dat steeds terugkomt: hoe toen de buitenwereld na zijn pensioen goeddeels wegviel, A zich nog sterker aangewezen voelde op radio en tv: de verbindingslijn met stemmen uit de buitenwereld. Uitzending gemist, een podcast: dat werkte niet, het ging om de verbinding op dat moment met anderen. Als de radio het niet deed, de tv uitviel, was hij ontredderd, afgesneden van de wereld. De media waren een levensader. Dat ging ook voor mailverkeer gelden: hij bracht de dagen steeds meer door aan zijn bureau, via de mail in contact met andere mensen.

Op den duur sliep hij in met de radio aan: de geruststelling van geluiden uit de buitenwereld.

35

Eén gesprek aan het eind van zijn leven heeft me veel duidelijk gemaakt, voor mijn gevoel bevatte het de sleutel. Het was het enige gesprek al die maanden. Of waren het weken? Ik ben het gevoel voor tijd kwijtgeraakt. Hij lag al die tijd verschanst in zichzelf in de kamer, in dat ziekenhuisbed, in zichzelf gekeerd, bang en boos. Hij vloekte veel. Ik probeerde in gesprek te raken, om openingen te creëren. Het lukte zelden, soms voor even, als ik iets bedacht had dat hem nog lekker smaakte, als ik iemand was tegengekomen die aardige dingen over hem zei, iets liefs van de kinderen. Maar dit woei snel weer weg, dan overheerste het ongemak en de boosheid.

Eén keer lukte het dus om het ergens over te hebben. Ik zei dat ik iets niet goed begreep. Dat hij op me gevallen was als onafhankelijke vrouw met proefschrift en tijdschrift en vrienden, maar dat het leek alsof hij zich in de loop van de tijd van me had afgewend, en vooral last had van die dingen die hem eerst zo bevielen. Ik probeerde het open te vragen, niet als aanval. Ik wou het vooral ook begrijpen. Hij hoefde er niet lang over na te denken, het antwoord lag klaar in zijn hoofd. Hij beaamde het, en zei zonder omwegen: 'Ik had gehoopt dat je je na je proefschrift helemaal aan mij zou wijden.' Ik promoveerde in 1984, bijna veertig jaar geleden. Een verbijsterende zin. Ik was onder de indruk van dit moment van eerlijkheid, doordrongen van de diepe waarheid ervan. En vroeg: 'Waarom heb je me dat toen niet gezegd? Dan hadden we dit toch nooit moeten doen: de mismatch van de eeuw.' Zijn antwoord klonk als iets volkomen logisch: 'Ik ben toch niet gek: dan was je weggegaan.' Ik was even stil, overdonderd. Voelde me bekocht. Wist hij dat toen al zo helder, of had hij daar nu pas de woorden voor? Hij ging verder: 'En toen kregen we ook nog kinderen, en met kinderen ben je je vrouw kwijt.' Ook dat was voor hem volkomen logisch, en definitief. Ik kon even niets meer zeggen. 'En je werd omringd door interessante mannen die iets met je wilden,' voegde hij er aan toe. Mijn verbazing woof hij weg: 'Je zag dat helemaal niet.'

Het inzicht van de eerdergenoemde psycholoog past naadloos: het verlangen naar totale toewijding. En als die er niet was – want eigen werk en kinderen die aandacht vroegen –, dan was de desillusie groot, onhanteerbaar, onherstelbaar. Het pad van de totale toewijding: het verlangen wordt helder, en ook dat ik daarin niet kon voorzien.

Als ik dit verhaal later aan mijn zoon vertel is hij even helemaal stil, noemt het totaal egocentrisch.

En dan moet hij opeens ook even lachen, een glimlach die doorbreekt om de op dat moment toch vrij absurde zin: 'ik ben toch niet gek.' Absurd omdat het verlangen naar totale toewijding buiten de orde valt van alles wat op volwassen relatiegebied te verwachten viel. Maar voor A had die zin een logica, weliswaar van een andere orde dan die van de redelijkheid.

Dat verlangen naar totale toewijding is iets wat je als kind van een moeder kan verlangen, en een leven lang kan blijven verlangen als die moeder, zoals in zijn geval, in zijn beleving er nooit echt bij was, emotioneel terughoudend en met haar aandacht bij haar eigen vader van wie ze veel hield en voor wie ze de boekhouding deed. Zijn oudere zusje Dokie was voor hem de vervangende moeder geworden. Zo beleefde hij dat, in zijn latere bewoordingen. 'Ze was in dat gat gesprongen', is de overtuiging van de therapeut, maar ze was abrupt, en zonder enige toelichting achteraf, verdwenen, verongelukt, omver gereden door een man op een motorfiets die haar te laat zag toen ze plotseling de weg overstak naar een hondje aan de overkant. Hij was drie, zij zeven, zij zorgde als een moeder voor hem. De foto's van hoe zij hem als kleine jongen pap voerde getuigen hiervan, hij met opengesperde mond wachtend op de volgende hap, zij met een ontroerende toewijding de lepel naar zijn mond leidend. Die foto stond al die jaren in de kast waar zijn bureau tegenaan stond, een verschanste plek, bij het raam naar de straat, dicht bij waar hij zat, zijn eerste uitzicht. Hij zocht onbewust, misschien ongeweten, naar een vrouw die dat goed zou maken, die die totale toewijding aan hem had – een kindverlangen. Een verlangen dat niet spoorde met de tijd en haaks stond op de opvattingen in het progressieve milieu waarin wij verkeerden. Maar nog afgezien daarvan was het een verlangen waarin niemand kon voorzien, en waar ik ook niet op bedacht was omdat het niet paste bij hoe wij dachten en leefden. 'Het was een mission impossible,' zegt de therapeut. En ja, dat was zo, al bleef ik lang en koppig hopen op manieren waarop het tekort minder voelbaar was. Mijn tekort, zo voelde het. Onuitgesproken maar het tekort hing in de lucht, en was niet te pakken want bleef woordloos. Het tastte me aan, maakte kwaad en ongerust. Een innerlijk fladderen, onrustig, onraad voelend, zoekend naar geruststelling. Jaloezie ook op mensen die 'gewoon' gelukkig konden zijn met de kleine dingen. Hij kon opeens uitvallen over echtparen die samen in korte broek door de duinen fietsten. Ik wilde soms wel zo'n echtpaar zijn.

36

Ik herlees *Dokie. Een familiebericht*, het boek waaraan hij na zijn pensioen in 2006 ging werken. Ik was blij dat hij dat deed. Zijn zusje is zo'n belangrijke figuur voor hem geweest, het verlies van haar doortrok zijn hele leven, het werd de kern van zijn levensverhaal. Het leek me goed voor hem om dat schrijvend en onderzoekend te verwerken. En ik vond het een uitkomst dat hij zich weer op een project kon richten nu de focus van werk verdwenen was. Hij heeft er intensief aan gewerkt, in vele versies, ik las mee, vond het erg goed worden, en heel aangrijpend. Het legde de tragedie in zijn leven bloot, maar er was ook iets verontrustends: ik vond hem ongemakkelijk hard voor zijn ouders die toch hun kind verloren hadden en onmachtig waren geweest dat te verwerken. En, nog verontrustender, mij bekroop het gevoel dat hij met dit boek niets verwerkte, maar vooral een monument voor zijn eigen rouw oprichtte. De rouw was hiermee, gebeiteld in woorden, nog sterker een deel van hemzelf geworden dat hij niet meer kon loslaten of bijstellen, niet kon vermengen met al het goede dat hem ook was toegevallen en dat hij zelf had gecreeerd. Een prachtig monument, dat wel, maar ook een verstening. Ik zag geen beweging, het was in taal gestold.

Ik heb het toen weggelegd, leefde verder, maar onlangs pakte ik het weer uit de kast. Het greep me opnieuw aan, maar nu om andere dingen. Het gaf woorden aan de inzichten die zich bij mij in de loop der tijd hadden opgedrongen. Bij een bepaalde passage stokte mijn adem. Hij wordt ter gelegenheid van zijn afscheid bij de VPRO-radio drie uur lang geïnterviewd door een collega, zoals hij dat zelf vele malen bij anderen had gedaan. Ze spreken over allerlei onderwerpen van algemeen belang zoals de publieke omroep en de geestelijke gezondheidszorg, maar dan loodst ze hem naar hachelijker terrein: waarom hij het nooit eens over vrouwen had. Als ik zijn antwoord lees vind ik het opnieuw schokkend, de helderheid van het beeld en de zwaarte ervan waren in de loop der jaren weer wat weggezakt, bedekt geraakt onder de zandlagen van het doorgaande leven. 'Aarzelend zei ik iets over overledenen (mijn moeder, mijn zuster), hield de levenden buiten schot, maar uitte nog wel een paar haperende zinnen over vrouwen in het algemeen – vergeleek ze met een verlaten fabrieksterrein, met overal borden: "Levensgevaarlijk!", "Explosiegevaar!", zoiets. Zag dat wel voor me, maar het klonk tamelijk vreemd. IJle flarden.' Weer wordt het me koud om het hart nu ik dit opschrijf. Zo ervoer hij dus vrouwen, als verlaten fabrieksterreinen, als levensgevaarlijk, ik prevel het even zachtjes voor me uit. Zo ervoer hij dus mij.

Mag ik dit zo open en bloot opschrijven? Ik voel weer de neiging om het te bedekken, af te zwakken, maar dit is geen tekst uit een opgedolven verborgen dagboek, het is openbare tekst van zijn eigen hand in zijn eigen boek *Dokie*, gehandhaafd in een tweede druk.

Hij vervolgt: 'Hoewel ik me kwetsbaar had opgesteld, vielen de reacties tegen. Christien, mijn vrouw, was diep teleurgesteld, omdat zij niet eens een naam had gekregen.' Geen naam, geen plaats, want die was bezet door Dokie. Of door haar verdwijnen, en daarmee waren vrouwen personen geworden aan wie je je niet moest hechten. Ze verdwenen weer. Dat moest je voor zijn, door je niet te verbinden.

Ik herinner me scherp het moment dat ik dit interview hoorde. Ik werd draaierig en misselijk, schaamde me diep, wilde verdwijnen. Onder de grond. Uit zijn leven. Wat ik niet deed.

'Vond hij het niet erg wat hij jou daarmee aandeed?' vroeg een vriendin die ik deze passage liet lezen. 'Hij was daar niet mee bezig,' legde ik begripvol uit. 'Hij was bezet door zichzelf, door zijn eigen noden.' En als ik dat uitleg raakt weer even weg hoe pijnlijk dit voor mij was. En is: het treft me weer hard nu ik het herlees. Dat eeuwig begrip van mij voor de ander, die veronachtzaming van wat ik voelde. Ik werkte het weg met de dingen en de mensen bij wie ik me veilig voelde.

Veerkracht is een redding, en tegelijk een valkuil want je leeft over dingen heen en lost niets op.

Ook andere patronen worden helderder. Na dit fragment komt het sterfbed van zijn moeder, in 1989. Hij beschrijft hoe hij naast haar bed zit, ervaart hoe alleen ze daar ligt en hoe onvoorbereid en bang ze is voor de dood. En hij kan haar niet helpen. 'Ik kan je niet in leven houden,' schrijft hij in zijn dagboek, in 1989, opgenomen in zijn boek. Het is alsof zijn eigen sterfbed hiervan een herhaling vormt. Zo lag hij erbij, het zijn vermoed ik de gevoelens die toen in hemzelf omgingen. En ik kon hem, op mijn beurt, niet in leven houden.

Dokie begint met een autorit, september 2004, met onze kinderen die toen veertien en achttien waren. Het gesprek kwam op de vraag of er nou iets was dat we, meer dan al het andere, ooit gewild hadden. Hij schrijft dan: 'Zelf wist ik het meteen: *zorgen dat iemand niet doodgaat* [cursivering van A]. Echo's van het sterfbed van mijn moeder, en vooral van die ondoordringbare gebeurtenis uit 1945 [het dodelijke ongeluk van zijn zusje CB]. Een man met een kansloze opdracht – zo zag ik opeens mijn hele leven helder uitgestald.'

Een zin die me in het hart treft: wat hij ook deed, hij was tekortgeschoten. Daar viel niet tegenop te leven. Ook voor mij niet. Het was voor mij een kansloze missie om in dat tekort te willen voorzien.

Er is nog een opmerkelijke herhaling: het opruimen van zijn ouderlijk huis, in 1989, samen met zijn jongere zusje, de parallel met nu dringt zich onontkoombaar op. 'Dorien en ik gaan het dus opruimen,' schrijft hij in *Dokie*, 'iets waarvan het sinds de verhuizing in 1946 niet meer was gekomen. [...] Ons materiaal komt uit alle hoeken van het huis – al die stapels, al die kasten, waar we nooit aan mochten zitten of in mochten komen.' Folders, knipsels, briefkaarten, recepten, 'begrafenis paperassen, vaccinatiebewijs voor een overleden hond. Rommel, rommel, rommel [...] – nergens het begin van orde of systeem.' Met dat laatste is hij in zijn eigen leven rigoureus begonnen: orde brengen door classificeren en rubriceren van voetbalopstellingen, muziek, films, sportuitslagen, minutieus opgetekend. Dat bleef hij doen, maar in het huis kreeg de chaos de overhand.

37

Er komt langzamerhand meer helderheid in wat ik van hem bij me wil houden en wat elders een plaats krijgt. De platen, de cd's, de films - omvangrijke en waardevolle collecties - zijn bij de kinderen terechtgekomen. De avond voor zijn dochter de cd's kwam ophalen zocht ik er een paar uit die ik graag bij me wil houden. Ik zette Johnny Cash aan, ik zag A weer zitten in zijn stoel, onze reizen kwamen terug, hoe hij me zijn muziek liet horen, wat het hem deed, wat dat mij deed. De eerste keer die bijzondere stem van Johnny Cash, al die keren daarna zijn geliefde geluiden, thuis, op reis. Ik miste hem, de tijd die voorgoed voorbij is. De interesse in elkaar. Zijn klanken wil ik bij me houden, horen bij ons, bij het huis.

Het is een komen en gaan van herinneringen, verbonden met spullen maar ook een eigen leven leidend. De korte reizen uit onze begintijd, nog voor we kinderen hadden, vaak naar Normandië, hotels met uitzicht op zee, fruits de mer, het goede leven. Het verkennen van de kust en van elkaar. Maar dan dringt zich ook opeens een andere herinnering op, uit diezelfde tijd, zomervakantie, we reisden naar Italië, met zijn dochters die toen nog klein waren. Na een lange dag rijden stopten we in Pavia, we liepen moe en warm door die mooie oude stad, ik had zijn dochters aan de hand, hij praatte steeds over Dokie. Een herinnering aan haar toen zij zo oud was als zijn jongste dochter op dat moment? Ik was moe, ongeduldig, en reageerde na een poosje wat snibbig of we het niet over de levende kinderen konden hebben. Zijn stemming sloeg om, ik had iets verschrikkelijks gezegd, het duurde een tijd voor de spanning uit de lucht verdween. Het was absoluut ongevoelig van me. Ik had toen nog geen idee hoe blijvend groot de betekenis van zijn zusje was voor zijn verdere leven, herinner me vooral mijn wanhopig vastklampen aan het leven en mijn angst meegetrokken te worden in een diepe somberte. Zo'n voorval ebte dan weer weg, de leuke dingen kregen de overhand. Ook nu wil ik dat goede herinneringen het winnen, die wil ik bij me houden, maar de pijnlijke en verontrustende dingen laten zich niet verjagen.

'Het beheer van herinneringen': zo beschrijft Marjoleine de Vos in *En steeds is alles er* dit heen en weer bewegen van beelden in het proces van rouw om een geliefde, moeilijk in taal te vangen, 'een samenraapsel van momenten'. Weer een ander opduikend beeld: de viering van mijn zeventigste verjaardag, in *Beelden aan Zee*, dat mooie beeldenmuseum aan de Scheveningse kust waarvan de zoon van een vroegere beeldhouwersvriend van mijn vader toen directeur was. Ik zie mijn oude moeder weer zitten in haar rolstoel, blij dat ze er nog bij kon zijn, ik zie de vier kinderen, de vrienden, A bij de deur naar het terras, wat verloren. Ik hoopte dat hij zich op zijn gemak voelde. Hij zei steeds vaker dat hij zich niet bij mijn familie voelde horen, en weinig had met mijn vrienden. Hij had vooraf niet veel in dit feest gezien, te ver weg. Maar tegen het eind, toen de mensen vertrokken, zat hij tevreden op de bank tegen de muur van de zaal waar we net gegeten hadden, naast mij en de kinderen, ontspannen – de foto dook laatst weer op. Ik herinner me hoe we terugreden, hij voorin, naast de directeur, ik op de achterbank, de sfeer was wat zoekend. Tot ik me opeens realiseerde dat zij allebei als kind hun zusje hadden verloren. Ik bracht dit vanaf de achterbank in, het raakte een gemeenschappelijke snaar, ze vertelden over en weer wat dit betekend had, voor henzelf, hun ouders, hoe het gezin voorgoed veranderde. Liet ik hiermee mijn eigen feeststemming verwaaien? Misschien wel, maar ik voelde vooral, vanaf de achterbank, dat A's gevoel van isolement voor even was doorbroken. Dat was voor mij een belangrijk slotakkoord.

38

Wat wil je van iemand bij je houden, aan spullen, aan herinneringen? Het is een geheimzinnig proces van sortering dat een eigen loop heeft, en ook niet lineair is. Herinneringen dringen zich op als ik zijn kamer betreed, spullen oppak en weer terugleg, de kast met zijn kleren open, de geur, de stof, ik zie hem er weer in lopen, zijn ontstemming als de mot in een geliefde trui had huisgehouden. Welke kleren wil ik houden? Voor wat? Voor wie?

Dingen zijn geen levenloze objecten, ze zijn beladen met herinneringen, hun betekenis is in de voorwerpen gaan zitten. Het huis laat zich met pijn en moeite leger maken, er moeten pauzes worden ingelast om bij te komen van de ingrepen. Het huis heeft veel meegemaakt, veel geherbergd aan leven: opgroeiende kinderen, vrienden die neerstreken en een greep deden in de altijd volle keukenkastjes, verjaarspartijtjes, het zondagse eten met ook mijn neef en oude moeder. Veel van wat we hadden wil ik bij me houden.

Dat geldt, na aanvankelijke aarzeling, ook voor de poes, het verjaarscadeau van onze zonen en hun toenmalige vriendinnen toen A achtenzeventig werd. Ze vonden hem te veel alleen, hij kwam het huis nauwelijks meer uit en wilde geen mensen over de vloer, hij schaamde zich voor de rommel. Hij had tegengesputterd bij het idee, maar eenmaal dit jonge poesje in zijn handen was het pleit beslecht. Een van de ontroerendste foto's van hem uit die tijd is met dit kleine zwarte katje in zijn armen. 'Hier ben je veilig,' zei hij zacht, een zin die veel over hem zegt. Tijdens zijn ziekbed week ze niet van zijn zijde, na zijn dood dwaalde ze wekenlang zoekend door het huis. Ik was ontroerd door haar gedrag waarvan ik altijd dacht dat het meer bij honden hoorde, maar ik besloot toch na zijn overlijden een goed tehuis voor haar te zoeken. Na al die zorg, eerst voor mijn moeder en toen voor A, wilde ik vrij zijn om op reis te gaan, een tijd ergens anders te wonen, veel achter me te laten. Maar ik merkte dat ik vooral thuis wilde zijn, hier en in Egmond, in kleine cirkels rond het huis die steeds iets wijder werden, wandelingen langs de zee die steeds verder gingen. Ik kreeg een band met de poes, en de poes met mij. Het is een kleine zwarte gedaante die verwachtingsvol op me wacht als ik thuiskom en dan enthousiast op haar rug gaat rollen. Het schrikbeeld van eenzame weduwe met kat heb ik inmiddels achter me gelaten. Ze slaapt vaak op zijn kant van het bed, of in mijn knieholte. Ook zij is deel van zijn nalatenschap, een levend deel. Ze hoort bij hem, bij mij, bij het huis. Toen ik las wat mijn zoon schreef over de poes, een brief aan *Mavis*, was ik hiervan geheel doordrongen. Ik ben nu wel meer aan huis gebonden dan ik soms zou willen, maar hulpvaardige buren geven haar te eten als ik in Egmond wil blijven. Neem die kat toch mee, zeggen mijn buren daar. Ik ben bang dat ze daar wegloopt, verdwaalt in het bos. Ze hoort bij A, ik moet goed voor haar zorgen.

*

Op deze plek hebben we veel samen gehad, we geloofden erin. Er is van alles vastgelopen. Er is van alles doorgegaan. En gaat nog steeds door, ook hij leeft in dit huis verder. De staat van verlamming is voor een groot deel verdwenen. Er zit weer beweging in, in mij, in het huis, in de herinnering. De verdoving is weggetrokken, uitgewerkt geraakt. Dat maakt ook de pijn scherper: de pijn van de rouw om wat ooit was, om de lange verstreken tijd van leven. Ook van mijn leven. Om de tragiek in zijn persoonlijkheid, om wat niet heeft kunnen zijn. Om wat we niet hebben kunnen vasthouden. Waarom lukte ons dat niet iets meer? We keken een tijdlang op vrijdagavond naar een film uit zijn uitgebreide collectie, iets waar we allebei van hielden. Mooie avonden, goede herinneringen. Waarom stopte dat? Ik herinner me dat hij opeens liever naar een sportprogramma wilde kijken of een actualiteitenrubriek, maar waarom liet ik dit weer zo snel uit handen slaan, waarom zo gauw ontmoedigd? Alsof een soort matheid vroeg of laat door alles heen kroop en elke levenslust doofde. Het zijn de dingen waar ik nu met verbazing naar kijk, ontzet, deze combinatie van opgeven en doorgaan.

*

Ik herlees het bericht van een goede vriendin, psychiater, die A ook kende als voorzitter van studiedagen in haar vak en als redacteur van het *Maandblad Geestelijke Volksgezondheid*. Het treft me opnieuw. 'Wat je schrijft ontroert me erg. Het is de zoektocht die je doet, de pijn die zo voelbaar is. De zoektocht naar wie hij was. De mengeling van de weerloosheid die je voelde bij A en hoe afhankelijk hij eigenlijk was en hoe hij jou tot zetstuk in zijn eigen drama maakte. Het doet pijn als je voelt hoe je een object wordt, een 'objet supposé de lui abandonner', een object dat hem toch zal verlaten of opgeven zoals zijn ouders, zijn dode zusje, en dus moest je op afstand worden gehouden want niets is erger dan afhankelijk zijn, zeker voor een man (vermoed ik, veel mannen zijn er als de dood voor). Omdat hulpeloosheid niet verdragen wordt, leg je de ander een klem op. Jij was zijn belangrijkste Ander. Daarom kon hij misschien bij anderen wel contact maken, die waren minder in zijn ziel/hart/geest. Je hebt toch veertig jaar met hem gedeeld. Ooit was je verliefd. Hield je van hem. En bleef je bij hem misschien omdat je niet wilde opgeven wat er ooit was? En jij kende van je moeder al dat je je in dienst van de ander moest stellen en niet te veel moest stilstaan bij het tekort dat je voelde, maar het elders moest halen.' Ik voel nu nog meer de betekenis, de waarheid hiervan dan toen ik haar mail voor de eerste keer las.

*

Bij het opruimen vond ik een print van een mailwisseling die terughaalde hoe het was geworden, drie jaar voor zijn overlijden. Ik lees het als een situatieschets, zie ons zitten in het huis, ik boven in mijn werkkamer, hij beneden. We mailden. Gesprekken liepen gauw vast, of wij liepen ervan weg. Het beeld van twee eilanden, toch blijvend proberen om iets van een brug te bouwen.

Ik mail hem 's avonds laat, eind januari 2019, om half 12 – het zondagse eten met de jongens en mijn neef is achter de rug, ze zijn inmiddels vertrokken. 'Naar dat je je zo verdrietig voelt en er zo slecht bij kan. Voor mij ook moeilijk om geen contact te kunnen krijgen, het is het meest massief op zondag als je nauwelijks de deur uit bent geweest. Slaap lekker straks. Liefs.'

Hij mailt me de daaropvolgende ochtend, vanaf zijn vaste plek, achter zijn bureau bij het raam in zijn werkkamer. Hij schrijft: 'Er is steeds minder waaraan ik concrete betekenis kan ontlenen; de paar nevenactiviteiten lopen een voor een af, er komt niets meer voor in de plaats. Wat er nog aan activiteit sluimert, wordt permanent geblokkeerd door de fysieke beperkingen – en de alles overheersende kou. Het huis kan ik niet meer de baas; na de verwoeste tuin komt nu de destructie van de keuken aan de beurt [de uit elkaar vallende keukenkastjes moesten worden vervangen CB]. Ik kan daar eigenlijk helemaal niet tegen, het raakt iets heel primairs: ik hecht me ook aan een zooitje. Een zooitje waarin ik me thuis voel. Als ik er meer over zou zeggen, zou jij allemaal verstandige tegenwerpingen maken, die de kloof alleen maar groter maken.'

De ochtend daarop, dinsdag 29 januari, reageer ik, nu vanuit Egmond: 'Herlees je bericht, vind het ellendig dat je dit allemaal op deze manier beleeft. Het is niet nieuw voor me want ken je langer, maar ik ben toch elke keer weer verbaasd over hoe negatief je de dingen ervaart. Het slot van je bericht werkt ontmoedigend: woorden, gesprekken, vergroten de kloof. Wat moet ik dan nog? Zwijgen? Gissen? Negeren? Bel je later, liefs, C.'

Kan ik hier zomaar uit citeren? Ik besluit het te doen, omdat het zoveel bloot legt van wat er speelde, in hem, in mij, tussen ons. Ik ervaar weer hoe verdrietig deze berichten zijn. Er is geen verwijt, het is voorbij de woede en de ruzies, het is van een uiterste machteloosheid, aan beide kanten. Maar er is wel contact, zie ik nu. Hij beschrijft open en precies aan mij hoe hij zich voelt. Hij doet geen beroep op me om er wat aan te doen: ook dat is een gepasseerd station. Ik laat weten hoe verdrietig ik het vind en voel me ook niet meer geroepen om hem hieruit te redden. Ik weet dat dat niet in mijn vermogen ligt en dat pogingen daartoe averechts werken. Hij geeft dat zelf ook aan. Maar wat moet ik dan nog, vraag ik ten slotte, aan hem en aan mijzelf. Mijn repertoire is uitgeput. Het zijne ook. Ik voel weer sterk mijn radeloosheid, en ook hoeveel ik van hem heb gehouden. Zijn wars zijn van onwaarachtigheid en humbug. Zijn intelligentie en humor, hij kon pijnlijk grappig zijn. Maar het lachen was me wel eens vergaan; soms lachte ik mee om geen spelbreker te zijn, om de band van de humor te behouden. Ik ervaar opnieuw hoe weerloos hij was, met al zijn talenten, van buiten veel tot stand gebracht, van binnen niet opgewassen tegen het leven, en voel tegelijk ook weer zijn destructieve kanten. Ik hoor de boodschap: blijf bij me, ga niet bij me weg. Ik voel mijn eigen verlangen hem te redden weer opflakkeren, mijn compassie, maar ook de behoefte een beetje bij hem uit de buurt te blijven. Ik vind mezelf nu ik het teruglees wat afhoudend in mijn reactie, beetje koel zelfs. Had ik minder naar Egmond moeten gaan? Had ik niet méér moeten ingaan op hoe hij zich voelde, hij gaf het zo precies aan. Maar ik weet ook meteen weer hoe dikwijls ik dat gedaan heb. Hoe vaak ik hem gezegd heb hoeveel hij voor ons en anderen betekende. Ik weet weer hoe murw ik was geworden van al die pogingen en steeds opnieuw de teleurstelling. Uitgeteld en uitgepraat. Hoe ik niet meegetrokken wilde worden in zijn gevoel van desolaatheid. Maar in zijn mail opent hij zich op een manier die me nu, drie jaar later, ontroert. Ik kan er niet meer bij. Afgesloten gebied.

39

Ik fiets naar het Vondelpark, het is nog vroeg. Ik ben rusteloos, wil even bij de wilg zitten, in het park waar wij vroeger, vier kleine kinderen, uitgelaten werden, wonend op een klein bovenhuisje in de Amsterdamse binnenstad boven het atelier van mijn vader. Mijn oma die aan de andere kant van het park woonde kwam ons dan vaak tegemoet. Zij was een vertrouwde figuur in ons huis. Zij zorgde voor ons als mijn moeder het niet meer aankon, dan kwam ze dagelijks. De vrouwen in mijn familie van moederskant zorgen voor elkaar, ze worden stokoud, blijven helder, kunnen improviseren, en zijn er voor je als het nodig is. Ze hadden allemaal interessante charismatische mannen die alle aandacht vroegen en ook kregen. Die vrouwen zorgden ervoor dat de boel gaande bleef. In de manier waarop mijn zusje mij helpt, vanzelfsprekend, zonder ophef, zie ik deze houding terug. En, besef ik, in de manier waarop ik voor A bleef zorgen herhaalt zich dit familiepatroon. Ik besluit dit een goede erfenis te vinden.

Aan het eind van haar leven reed ik vaak op zondagochtend mijn moeder in haar rolstoel door het park, we liepen dezelfde paden als vroeger toen ik klein was. Na haar overlijden zet ik deze gewoonte voort. Ik ga zitten op het bankje waar we dikwijls zaten, ik kijk naar de boom, vol in het blad. Ik besef dat mijn moeder tweeëntachtig was toen mijn vader overleed, tien jaar ouder dan ik was bij het overlijden van A. Zij had toen nog een goede tijd, woonde alleen in een groot en onhandig huis, had iets onverschrokkens, en vond het heerlijk dat de mensen nu voor haar kwamen. Ze hadden over het geheel genomen een goed huwelijk, maar na zijn dood werd ze lichter en levendiger. Het deed haar duidelijk goed dat ze onder de druk van mijn vader vandaan kwam. A, die niet erg veel met mijn ouders had, was verrast over haar 'imponerende gedaantewisseling, ze is totaal opgeleefd' (brief uit 2007, twee jaar na de dood van mijn vader). Ze was niet te stuiten met verhalen als hij haar ophaalde voor het zondagse eten. Het was ontegenzeggelijk waar, maar ik voelde soms de behoefte om mijn vader te verdedigen, zij was het toch ook zelf die zo stilviel en zich richtte naar zijn mening en wensen. De herhaling is confronterend.

Mijn moeder genoot van de ruimte die ze nu voelde, de aandacht die ze kreeg. Ze maakte nieuwe vrienden. Iets van haar vroegere creatieve talent kwam terug, nu gericht op het nog resterende leven met familie, vrienden en herinneringen. Een paar van mijn oude vrienden zochten haar wel eens op, ze was voor hen een soort moederfiguur, ze hielden van haar open en levendige geest.

Ik hoor de laatste tijd vaker dat ik zo op haar ga lijken. Ik hoor het graag, als ooit vadersdochter die zich van haar leven afwendde: niet dat huisvrouwenbestaan, niet die depressies. Ze heeft ons, kinderen, met veel opgezadeld aan innerlijke spanningen en angsten, maar de relatie is geheeld: we hebben in de loop van haar leven sterk kunnen ervaren hoe ze van ons hield en er voor ons was. Ons zag. Op deze plek ervaar ik sterk onze verwantschap, voel me opgenomen in het weefsel van familiebanden. Ervaar de vrouwenlijn. Ik fiets gesterkt naar huis, rustiger geworden.

40

Ik wil het verhaal afronden. Dit is hoe ik het me herinner. Ik zie hoe de overwoekering van huis en ziel veel aan het zicht onttrok. Er is een goeie tijd geweest, al voelde ik dikwijls een tekort waarin ik niet kon voorzien, een tekortschieten waarbij ik niet goed wist wat ik nu verkeerd deed. Maar met kunst-en-vliegwerk kon ik de zaak en mijzelf in evenwicht houden. Met zijn pensioen stortte het broze bouwwerk in. En versterkte ik mijn vluchtplekken. Zo is het gegaan, in mijn herinnering.

Een envelop met brieven van eind jaren tachtig die ik onlangs vond tussen stapels papieren trok me weer de afgrond in: het was niet nieuw voor me, ik wist het weer allemaal, maar de zwaarheid ervan vliegt me aan. Ik lees ze in Egmond, op de bank, veilige plek, waar ik zo vaak bijkwam. Dat is voelbaar als ik binnenkom, ook de ruimte heeft een geheugen. Wat ik lees is tegelijk vertrouwd en onthutsend. Mijn herinnering klopt, maar ik heb het toch verzacht. Brieven uit 1989, in verwachting van onze tweede zoon, hij zo boos en eenzaam, vol verwijt.

Ik zie die vrouw van een afstand, ik begrijp niet waarom ze blijft zitten. Haar brieven zijn helder, krachtig, ze stelt de goeie vragen, ze vraagt waarom hij blijft als hij zo weinig waardering voor haar heeft. Wat verwijt hij haar? Dat ze geen aandacht voor hem heeft, niet kan luisteren, hij verwijt haar zijn eenzaamheid. Waarom luistert ze niet? Luistert ze niet?

Ik raak weer in de beklemming van toen: hoe hij het alleen maar over zichzelf wilde hebben, niet-aflatend. Werd ze ongeduldig? Ik zie die eenzame aandachtbehoeftige man, en zie haar: drukke baan, hoogleraar, in verwachting van haar tweede kind, ze moest alle zeilen bijzetten om het te bolwerken. Ik zie de herhaling in de brieven, steeds dezelfde verwijten, ze zijn allebei zo goed in woorden, waarom kunnen ze dan niet beter met elkaar praten?

Een brief uit begin jaren tachtig, hij was toen net bij me ingetrokken in de Noorderstraat. Ik word er stil van, het is een momentopname van een sombere bui, ik weet het, maar het legt zoveel bloot. Ik voel hoe waar het is, en hoe zwart die waarheid. Hij schrijft dat hij het leven niet aankan. 'Het enige dat ik graag doe, is praten, praten over mezelf, eindeloos zeuren en klagen en kankeren en terugblikken.' Dat is wat hij wilde. En ik wilde dat niet. Of wel een tijd, of af en toe, maar niet steeds, niet alleen maar. Ik wilde ook lichtheid, en verder kunnen.

Nog alarmerender vind ik hoe hij over zijn moeder schrijft: 'De verhouding met mijn moeder, met alle moeders: ze brengen en verzorgen het leven, maar hou ze in godsnaam op afstand, anders word je gek.' De moeders, de vrouwen: hou ze op afstand. Ik heb het gevoeld, maar niet goed begrepen, deze angst – een zwarte destructieve angst – om door vrouwen verzwolgen te worden? Of verlaten, zoals eerder was gebeurd? Ik denk eigenlijk beide. De dood van Dokie was voor hem een ingrijpende verlating, die bepalend is geweest voor zijn leven. Hij heeft zich als kleine jongen door haar verdwijnen in de steek gelaten gevoeld en het massieve verdriet van zijn moeder ervaren, dat alles doortrok en waarin voor zijn gemis geen plaats was. Dat was wat hij vertelde, en je kon elke keer opnieuw zijn eenzaamheid als kind voelen. De ervaring van de dominante moeder was voor hem een terugkerend thema: hij begreep het feminisme alleen als je de rollen omdraaide, 'als ik me voorstelde dat mijn vader een vrouw was en mijn moeder een man'. Een visie die haaks stond op de gebruikelijke en schuurde met de mijne, ook al had ik altijd veel oog voor de bronnen en wegen van vrouwenmacht. Bij hem had het een sterk autobiografisch element, en hij was op dit punt niet terughoudend om zijn eigen ervaring te generaliseren.

*

Ik voel ook, met terugwerkende kracht, mijn eigen eenzaamheid, die had ik toch wat weggewerkt, te pijnlijk om voluit te beseffen. Het geheugen is dynamisch, haalt terug, werkt weg. Ik leg weg, en lees weer verder. Wil ik dit lezen? Over vrouwen schrijft hij zelf, in zijn boek *Dokie,* jaren later, op dezelfde manier. Het is dus meer dan een sombere bui. En iets dat hij zelf in de openbaarheid bracht.

Het verbijsterende vind ik nu de kracht en helderheid van mijn eigen brieven, geen versluiering, geen doekjes eromheen, geen omzichtigheid, niet bang de dingen te benoemen: dat valt me van mezelf mee. Maar waarom gebleven? Veel was al helder toen, gevoeld, gezien, verwoord, al zo lang geleden. Veel staat er, in een notendop, maar dat wordt pas met terugwerkende kracht zichtbaar; als je het leven leeft weet je niet welke paden worden in geslagen, en besef je nog niet hoe vast die kunnen komen te liggen. Was het de hoop op verandering die me deed doorgaan, dat we door een moeilijke tijd heen moesten en het dan lichter zou worden? Was het mijn vermogen opzij te springen en pijnlijke dingen weg te werken? Het vastpakken van al het goede dat mij ook ten deel viel? De boodschappen van het ouderlijk huis: je moet voor elkaar zorgen, en er iets van maken – de vitale instelling? Met al het goeds dat dat brengt, het houdt ook vast, ook in beschadigende situaties. 'Je leeft gevaarlijk', hoor ik opeens weer de psychiater Van Dantzig zeggen bij wie ik toen in therapie was. Gevaarlijk? vraag ik, wat verbaasd omdat ik toen toch eigenlijk een braaf en oppassend leven leidde. 'Ja,' antwoordde hij rustig, 'je hebt nu de veerkracht om steeds weer te herstellen, maar op een keer lukt dat je niet meer, dan ontbreekt je de energie, en ga je er onderdoor.' Ik hoorde het, ik vreesde dat het waar was, en legde het naast me neer. Dacht ik toch dat dat mij niet zou overkomen? Dat ik het wel zou redden?

Onder de tafel in mijn werkkamer ligt al een tijd een dikke ordner met brieven die A en ik elkaar schreven tussen 2005 en 2010, vaak 's avonds laat, vanuit onze eigen kamers. Ik durf ze nu pas te bekijken. Met de afstand van nu lees ik ze anders dan toen ik ze schreef en de zijne las. Het heeft iets vreemds: levend in hetzelfde huis schrijven deze mensen elkaar. Ik heb met beiden te doen, ze zitten gevangen in zichzelf en elkaar. Ze voelen zich onveilig bij elkaar, maar de geslotenheid die dat tot gevolg heeft maakt de sfeer nog onveiliger. WAT IS ER?? schrijft ze geregeld, ze kan niet tegen dat 'verontrustende zwijgen'. Ze verlangen allebei naar meer intimiteit maar raken hierin bij elkaar ontmoedigd. Als ze uitbarsten, ervaart de een (hij) dat van zichzelf als een welkome uiting van spontaniteit, de ander (ik dus) wordt geheel uit het lood geslagen, en moet daar dagen van bijkomen, waardoor de ander nog meer in zichzelf gekeerd raakt, ontzet over de ravage die hij aanricht. Omgekeerd is dit ook het geval. Het is een allergisch veld waarin ze zich bewegen, soms behoedzaam, beducht om dingen te zeggen die verkeerd aankomen, wat ook steeds weer gebeurt.

Maar er is leven, verlangen. Een nachtelijk mailtje van hem voorafgaand aan mijn verjaardag ontroert me: 'Overmorgen word je 57, maar je kunt er nog steeds verbluffend jong uitzien, vooral zonder die overbodige kleren – mooi lijf, heldere kop, dat dat al bijna 27 jaar bij mij hoort! Kan helemaal niet.' Ik lees blijdschap, waardering, verbazing ook. Dat laatste zinnetje blijft hangen. Vertrouwde hij er niet op dat dat kon, was hij bang dat ik ook op een goed of kwaad moment zou verdwijnen en zijn wereld opnieuw zou instorten?

Er zit meer leven en liefde in deze berichten dan zich in mijn latere herinneringen heeft vastgezet, de stagnatie in onze relatie heeft ook de beelden van kleur en beweging beroofd. Over onze verschillen schrijft hij openlijk en helder: 'Bij de muziek [bij een begrafenis CB] voelde ik me als altijd de (welwillende) buitenstaander. Misschien, dacht ik, heb ik eigenlijk geen gevoel voor schoonheid, kunst, esthetiek – en wetenschap, als abstractie. Ongeveer alle bakens uit jouw traditie. Ik hou van film, visuele en andere afleiding, spanning, humor, actualiteit, de stad, spelletjes, lagere muziek en de waarheid rond raadselachtige mensen. Heel andere bakens. Hoe moet dat nu toch, vroeg ik me af [...] Twee ingewikkelde types, toch vreemd verknocht? Daar hou ik het maar op, en ik heb er nooit spijt van gehad, al had ik een vrouw die nooit tijd had' (juli 2007).

Zijn typering van onze verschillen is raak: andere bakens, een mooie opsomming. Maar een vrouw die nooit tijd had? Die zin blijft hangen. Was dat zo? Hij beleefde het zo. Maar wat bedoelde hij precies? Het klinkt als een vrouw die altijd weg was, maar dat was niet zo, ik was veel thuis – ik ga me meteen verdedigen. Bedoelde hij: altijd met haar aandacht elders, en nooit tijd voor mij? Ik was wel vaak met mijn aandacht elders, en dat werd in de loop van de tijd sterker. In onze begintijd hing ik aan zijn lippen: zijn verhalen over zijn werk, zijn familie, zijn overleden zusje en hoe zijn ouders daar geen raad mee wisten, zich terugtrokken en hem aan zichzelf overlieten. Over zijn overgrootvader, een rijke suikerbaron, en hoe zijn depressieve grootvader al het kapitaal had laten verdampen. Veel teloorgang. Hij vertelde over zijn dochters, en hoe hij ze miste, juist de gewone dingen van school en vriendjes. Het gevoel van rouw was het dominante akkoord, overstemde het gevoel van de lichtheid van een nieuwe liefde. Ik begreep dat wel, maar verlangde naar iets meer blijheid, begreep ook dat het verdriet om zijn scheiding wel even kon duren, maar na twee jaar raakte mijn geduld wat op. Ik werd ongerust dat rouw de hoofdtoon zou blijven, had niet meer die aandacht uit onze begintijd. Maar ik denk ook dat zijn verlangen verder ging en er nooit goed in te voorzien viel. Het was het verlangen, begreep ik later, naar volledige toewijding.

Het is een vreemde sensatie om deze brieven te lezen. De toon is open en onverschrokken, de beschrijvingen zijn treffend. Uit een brief diezelfde periode: 'Afgezien van onze vele andere karakterverschillen hebben we als kind ook nog een totaal verschillend huwelijk meegemaakt. Bij jouw ouders was dat, ondanks alle kritiek die regelmatig van binnen oplaaide, toch ook een soort voorbeeld, denk ik: van hechtheid, eensgezindheid, gedeelde interesses etc. Ook iets benijdenswaardigs, soms. Mijn ouders hebben mij geen enkel gezamenlijk beeld meegegeven; het waren twee aparte mensen, voor wie ik uiteindelijk vooral medelijden voelde. [...] Ik heb er geen idee aan overgehouden wat een huwelijk is/moet zijn/kan zijn, en ook op het gebied van "relaties", waar ik doodsbang voor was, maar zo'n beetje tastend & strompelend naar houvast zocht. Misschien heb ik er in de bioscoop nog het meest over geleerd, maar dat is toch niet je eigen leven.'

Dit stuurden we elkaar, vanuit onze eigen kamers, achter onze beeldschermen. Gaf die afstand de veiligheid om zich weer te kunnen openen? Niet goed bij machte de dingen open te bespreken schreven we elkaar, maar daarmee vermeden we ook het contact dat nodig is om pijnlijke zaken niet te laten stollen tot onoverbrugbare obstakels. Maar ik ervaar ook, met terugwerkende kracht, de intimiteit van deze uitwisselingen. En hoe ik hou van zijn taal, zijn heldere inzichten, zijn trefzekere formuleringen.

Die vind ik ook terug in onze uitwisseling over elkaars werk. Zomer 2007 werk ik aan een boekje over mijn moeder, *Ik heb ook een verhaal*. Na het overlijden van mijn vader in 2005, toen mijn zusje en ik ons bekommerden om een uitgave van zijn *Herinneringen*, zei mijn moeder, bijna terloops, tegen me: 'ik heb ook een verhaal.' Ik hoorde wat ze zei, pakte het moment: nu was zij aan de beurt. Ik had me lang op mijn vader gericht, vond als kind zijn leven veel interessanter, en was een tijdlang boos geweest op de manier waarop zij haar wanhoop ongesorteerd over ons, kinderen, uitstortte. Als kind heb je daar geen verweer tegen, je bent overgeleverd aan ouderlijke onmacht en overmacht. Maar sinds ik zelf kinderen heb gekregen is mijn waardering voor haar gegroeid. Ze heeft gedaan wat ze kon, met veel liefde en inzet, hield veel van ons, maar werd geremd in haar verlangen naar haar eigen werk: tekenen, beeldhouwen. Ze had een groot creatief talent dat in de zorg voor huishouden en kinderen onder tafel verdween, een frustratie die heftig kon opspelen. Dat zou mij niet overkomen, heb ik al vroeg besloten, niet die benauwenis van het huisvrouwenbestaan en daarmee het gevaar je eigen kinderen op te zadelen met de frustraties daarover. Dit was een kans voor een gesprek over haar leven, haar verlangens en teleurstellingen, haar spanningen van buiten en van binnen, haar oplossingen. De uitgelezen gelegenheid voor een verdieping van onze band. Dat is ons gelukt. Het boekje dat ik schreef op grond van onze gesprekken, *Ik heb ook een verhaal*, betekende veel voor haar: ze gaf het aan vrienden, als een soort visitekaartje: dit ben ik. Ze genoot ervan dat mensen nu voor haar kwamen.

Maar het bleek geen gemakkelijke opgave. A legde feilloos de vinger op de ingewikkeldheid van de onderneming. Uit een brief van 12 juni 2007: 'Je koos al snel voor identificatie met de meer afstandelijke, op werk gerichte vader – maar ontdekt nu misschien, op de valreep, een diepere verbondenheid met wie je moeder ooit was/weer is. Daarmee wordt je eigen verhaal over je moeder, lijkt me, ingewikkelder: ze had niet alleen de rol waarvan jij je wilde bevrijden, maar – in dat beknottende huwelijk – ook een waar je haar soms om benijdde, vanwege de verbondenheid die zij daarin vond.' Hoe waar dit is, hoe waar dat steeds meer is geworden, dringt nu pas goed tot me door. Wat zag hij dat goed, mijn verlangen naar verbondenheid, naast de autonomie die ik altijd had nagestreefd. Een verlangen waarin bij ons zo moeizaam viel te voorzien. Onomwonden benoemd. Op schrift waren we vrijer en onbeschroomder, over en weer.

A is in die tijd bezig met het boek over zijn zusje Dokie.

Augustus 2008 schrijf ik hem na lezing van een eerste versie: 'ik heb nooit zo sterk beseft dat het een soort verloren geliefde is naar wie je altijd bent blijven verlangen, door wie je je hevig in de steek gelaten hebt gevoeld, en die je nooit achter je hebt kunnen laten.' De doorwerking hiervan op ons gezamenlijke leven ben ik pas gaandeweg in volle omvang gaan beseffen.

Dit waren wij ook, geïnteresseerd in elkaars levens, kwetsures en verlangens. Raak en open in wat we elkaar schreven, ik boven, hij aan zijn bureau in zijn werkkamer beneden. Terwijl onze gesprekken steeds meer vastliepen of los van elkaar raakten, vonden we via teksten de vorm om elkaar te bereiken. Ze brengen terug wat ooit was.

Als ik in 2014 afscheid neem van de universiteit wordt er een vriendenboek gemaakt waarin ook man, zonen, moeder en zusjes schrijven. Ik ben verrast door wat A over ons schrijft: 'Zo bleven we 34 jaar elkaars stukken lezen en becommentariëren: Christien eigenzinnig haar grenzen verleggend binnen het academisch bedrijf, als een soort intellectuele ontdekkingsreiziger; ik minder schrijvend, en soms te kritisch lezend.' Meer verbondenheid dan ik me herinner, en ook meer waardering: het geheugen is selectief, in dit geval heeft het ook een deel van het goede laten verbleken. Ik ben blij met zijn omschrijving van mij als intellectuele ontdekkingsreiziger. Hij heeft me toch gezien, op waarde geschat, meer dan ik dacht en ervaren heb. Zijn eigen signalement klopt. Dan vervolgt hij, en ook dat treft me: 'Toch meer beïnvloed door de rechtenstudie dan ik altijd dacht, raakte ik vooral gericht op het ontwarren van individuele standpunten en gevoelens – Christien meer op verbindingen, op overkoepelende verbanden.'

Wat hij hier brengt als professionele verschillen had een emotionele lading die in alle hevigheid in mijn herinnering terugkomt. Hij was tegen verbinding, dat werkte vertroebelend, dan raakte het individuele zoek, hij werd allergisch voor dat woord. Hij was ook sterk tegen iets als mediation: dan werd alles diffuus, beter de posities helder en scherp tegenover elkaar, anders verdween je in een groter geheel. Ook het woord interactie irriteerde hem, een basisbegrip in mijn vak, en uiterst bruikbaar om onderlinge spanningen te bekijken zonder in termen van schuld en slachtofferschap te vervallen. Dat woord stuitte bij hem acuut op weerstand: het eigen standpunt, de eigen ervaring, moest bewaakt worden, alsof je anders verdween, overweldigd werd en oploste. Dat was het gevaar, dat was de angst die ik onderhuids voelde. Hij kreeg ook meer moeite met wat ik schreef: te veel sprongen, te grote verbanden, te weinig precies: het ging hem duizelen.

Onenigheden zijn niet het probleem, werd me steeds duidelijker, maar de onbespreekbaarheid en de onwrikbaarheid ervan. Op schrift kon de interactie vermeden worden, dan kan je in je eigen wereld en je eigen gelijk blijven. Maar al de mails die we elkaar schreven geven me wel inzicht in het proces dat zich voltrok, en hoe we vastraakten.

*

Als een archeoloog breng ik een fasering aan: we raken beland in een periode waarin de tekorten meer woorden hebben gekregen, de frustraties scherper gevoeld, de worstelingen wanhopiger worden. Hij heeft het gevoel niets meer te bieden te hebben, 'de buitenwereld laat het afweten', ik voel mee met zijn gevoel van miskenning maar probeer dat gevoel ook niet alles te laten doordringen. Ik hou afstand om niet in die zwaarte meegetrokken te worden. Ik krijg genoeg van die tragische toonzetting. Hij beklaagt zich over mijn onbereikbaarheid. Ik wilde wel van alles met hem doen, maar was bang voor die lege somberte, terwijl voor hem het samen daarin verkeren juist de weg naar contact was. 'De vrouw die nooit tijd had': dat was ik in zijn ogen geworden.

41

Ik moet moeite doen de lijn van de tijd terug te halen. Graven hoe het ook alweer was, en hoe het zich had voltrokken, het leven met de kinderen en met elkaar. Had ik maar beter opgelet. Sommige herinneringen blijven helder. Zoals aan de zondagavonden waarop ik altijd kookte voor het gezin en mijn neef, die zich na het overlijden van mijn broer eind 2010 vaak bij ons voegde. 'Is er eten?' appte hij me dan zondagochtend. En ja, er was altijd eten en hij was altijd welkom. De avonden hadden een vast patroon: er werd in hoog tempo veel gegeten – op tijd moest er naar *Studio Sport* worden gekeken. De gesprekken namen soms bizarre wendingen, en A voelde zich gauw buitengesloten, wat gezien de loop der woorden en richting van de blikken verbazing wekte. Waarop mijn oudste zoon een keer voorstelde dat iedereen op een papiertje tekende wat volgens ons de positie was van eenieder tijdens het eten. Op alle tekeningen bleek A in het middelpunt te staan, hij plaatste zichzelf aan de rand van de kring of zelfs er wat buiten. Een krachtig beeld dat strookte met zijn gevoel, maar niet met de ervaring van de anderen.

*

Ik spreek met mensen die hem goed gekend hebben, in verschillende fasen van zijn leven, mijn indrukken worden vollediger. Ik vraag hun hoe ik in zijn verhaal voorkwam, en hoe ik zelf was: door hun ogen zie ik ook mijn eigen bewegingen scherper en krijg ik meer zicht op hoe ik het hoofd boven water probeerde te houden, en hoe dat uitwerkte. 'Je ging lopen, zei de vriendin die ons tijdens vakanties meemaakte, 'en dan voegde je je weer in, zonder op zijn nare opmerking terug te komen. Maar die bleef wel hangen.' Het wordt me helderder wat ik deed en naliet, en wat dat deed: ook ik trok me terug, ook dat had gevolgen voor onze relatie, en voor de kinderen. Ik ga me ergeren over mijn eigen weerloosheid. Ik voel nu de ruimte om me lastige vragen te stellen. Of nee, ik voel nu pas ruimte om langer over de antwoorden na te denken. Deze worden vollediger. De troost van het inzicht.

Soms ergert het me hoeveel ik met hem bezig ben geweest. Je moet je onmogelijk maken, dan krijg je de meeste aandacht, vatte iemand het laatst wat ruw samen. Hij was ongrijpbaar, kon wreed zijn en liefdevol, was kwetsbaar en hield me op afstand, had me nodig en joeg me weg. Je wist nooit goed wat hij bedoelde en kwam er ook niet achter door ernaar te vragen. Heb ik er wel genoeg naar gevraagd?

*

'Je probeerde hem altijd maar weer te begrijpen,' zegt mijn oudste zusje. 'Ik dacht vaak: wat pik je toch veel, de maat is nu wel vol. Maar dan ging je het weer analyseren, of zocht je weer naar zijn leuke kanten. Jij durft volle zalen toe te spreken, maar had tegen hem geen verweer.' Dat hebben we niet geleerd vroeger thuis, zeggen we tegen elkaar, niet voor de eerste keer. Ze gaat nog even door: 'Je was vroeger een dwars kind, ik was altijd braaf, jij ging er tegen in als je het ergens niet mee eens was, dan zei je gewoon nee, maar bij hem was je timide. Het blijft een bizar verhaal.' Ze begint op stoom te komen. 'Dan had je weer met hem te doen, het was een geworstel tussen kwaadheid en mededogen, maar je hoefde toch niet meer medelijden met hem te hebben dan met jezelf? En dan ging je weer door.' Ze kan de dingen zo onomwonden zeggen dat we allebei moeten lachen. 'Je bleef maar onderzoeken,' zegt ze tot slot, iets waarvan ze bij mij wel eens een punthoofd kreeg. 'Jij blijft altijd maar graven. En je ging altijd maar door.'

Dat laatste hoor ik vaker. 'Ze had iets onverzettelijks,' schreef mijn moeder, toen 91, over mij in mijn afscheidsboek van de universiteit in 2014. Steeds kwam de volgende herinnering bij haar op, een beeld van toen wij klein waren. 'Kinderziekten moesten nog allemaal, zonder inenting, overleefd worden. Bij een mazelgolf werd Maarten erg ziek – kreeg hoge koorts, Barbara en Clara kwamen er beter af en Christien bleef overeind, stapte tevreden rond, veel speelgoed nu voor haar alleen.' En dan, die slotzin: 'Ze had iets onverzettelijks en stapte door.' Ik zie haar blik, hoor haar stem, herken me in haar typering.

*

Het blijven zoeken om het maar te kunnen begrijpen was voor mij een geëigende route om greep te krijgen. In een gedicht van Vasalis, uit haar boek *De oude kustlijn*, las ik een paar regels die in alle beknoptheid woorden geven aan het tastend blijven zoeken om het vreemde te begrijpen:

'…ik ben klein/ maar uitgerust helaas met veel te veel tentakels/ die tasten in het anders-zijnde Zijn'.

'Ik blijf het raadselachtig vinden,' zegt een vriendin die een nieuwe versie van het manuscript leest. 'Het verhaal is gelaagder geworden, maar niet minder raadselachtig.' Ik kijk haar aan, zeg dat ik er zelf juist gaandeweg meer van ben gaan begrijpen. 'Van hem wel, maar van jou niet', zegt ze resoluut. 'Ik ken je zo niet. We hebben elkaar lang meegemaakt, veel samen gedaan, maar zo ben je niet voor mij.' Dan zegt ze, peinzend: 'Maar ik ken jou niet samen met hem, ik zag jou altijd los van hem, sterk, vol plannen, vol leven.' Die gesplitstheid, dat is het thema van het boek, dat ziet ze ook wel, maar die ene kant is voor haar dus onherkenbaar, en blijft onbegrijpelijk. 'Die kelder, ik zou na een dag al ingrijpen!' We moeten lachen, ik voel haar ongeduld. Ze schudt het hoofd.

Het zet me aan het denken: wat is zichtbaar, wat blijft onzichtbaar, wat hou ik onzichtbaar voor anderen? Als we met vrienden aten kon het gezellig zijn, zag ik weer hoe leuk hij was, hoe hij kon luisteren, onverwachte dingen zei, voelde ik weer wat mij aantrok, wat ons bond. Die stemming konden we terugfietsend dan even bewaren, ik zou die willen opslaan zoals je dat met woorden en geluiden kunt doen. We waren weer even een stel dat samen iets leuks meemaakte. Zichtbaar voor anderen. Hoe de stemming eenmaal thuis vervloog was voor niemand verder te zien. Dat was maar beter ook, dan kon ik het gezellige eten nog even vasthouden.

*

Begrijpen om greep te krijgen. Maar greep kreeg ik niet, en veel begreep ik pas gaandeweg, of bij terugblik. Begrenzen zou een welkome aanvulling zijn geweest van mijn repertoire, van huis uit niet meegekregen en ook later onvoldoende ontwikkeld. Het spoor van proberen te begrijpen had van jongs af aan alle aandacht gekregen.

'Hij viel niet te begrenzen,' zegt de therapeut bij wie we een tijdlang in relatietherapie waren en die ik nog met enige regelmaat spreek – het pad van verwerking gaat niet over rozen. Ik doe er zeker goed aan mijn 'gereedschap' uit te breiden met grenzen stellen, beaamt ze – een heilig voornemen van mij, een terugkerend thema in onze gesprekken. 'Maar dat was met hem niet goed te doen.' Ze haalt uit haar dossier mijn verzoek erbij om samen bij haar in behandeling te komen. Ik had hem omschreven als een blok beton waar ik niet doorheen kwam. Ook zij, met al haar gereedschap, heeft hem, en ons, niet in beweging kunnen krijgen. 'Je hebt niet gezien hoe getraumatiseerd hij was,' zegt ze. En opnieuw: 'Je bleef uitgaan van de normaliteit.' Ik sputter tegen: ik zag heel goed dat zijn reacties raar waren, niet klopten. 'Maar de impact van zijn beschadiging heb je niet beseft.' Ik wilde dat ook niet zien, niet in volle omvang. Want wat moest ik dan doen?

Je ging altijd maar door: de woorden van mijn zusje blijven naklinken. Er was ook altijd die hoop op verbetering, dat we door iets heen moesten, en het dan zou opklaren. Op den duur tegen beter weten in. Maar wat moest je zonder hoop? Ook als ik bij iets dacht: dit komt niet meer goed, ging het gewoon door.

Ik kijk met verbazing naar mijzelf: ook de blik van mijn vriendin haakt in me. Die weerloosheid in mijn relatie met hem, en tegelijk mijn stevige stem in de buitenwereld. Maar in de interactie met hem gebeurde iets anders, daarin werd een oude laag aangesproken waarop noties van redelijkheid en gelijkheid geen vat hebben. Ik voelde zijn nood, en ik moest daarin proberen te voorzien. Een oude laag, gevormd in de relatie met mijn periodiek radeloze moeder, intact gebleven, onaangetast door alle ideeën over gelijkwaardigheid en emancipatie. Ingekapseld, dat is het woord dat bij die ervaring past. Het is een laag die niet wordt aangeraakt in de buitenwereld: in dat opzicht was die wereld voor mij een vrijplaats, daar werd ik minder vastgehouden door de tentakels van mijn verleden.

Ik denk dat het zo ongeveer zit. Het zoeken blijft doorgaan, ik word daar zelf ook wel eens moe van.

De tentakels in het gedicht van Vasalis kan ik fysiek voelen. Die tentakels hebben een particuliere kant – mijn familiegeschiedenis – maar ook een collectieve: de genderongelijkheid werkt door tot in de vezels van het intieme leven. Deze heeft het leven van mijn moeder vormgegeven, haar opvattingen over haar taak als moeder en huisvrouw, haar frustraties, gedeeld met veel vrouwen van haar generatie. Aan die frustraties heb ik me ontworsteld, maar opvattingen over taken en verantwoordelijkheden werken onderhuids door, als oude karrensporen die onder het asfalt weer aan de oppervlakte komen, zoals de historicus Maarten Brands dit ooit beschreef. En deze sporen werden dieper door mijn vatbaarheid voor het beroep dat op mij gedaan werd. Of de nood die ik voelde: veel voltrekt zich op een woordloos maar wel voelbaar niveau.

Ik zie ook de karrensporen oplichten die A ondergronds hebben getekend. Het spoor van zijn angst overweldigd te worden door het massieve verdriet van zijn moeder, en zijn angst verlaten te worden. Maar ook het oude diepe spoor van het patriarchaat: de angst voor de doorbreking van de hiërarchische orde door oprukkende vrouwen zoals hij het beleefde. Zolang hij het overwicht in onze relatie had was het goed, toen dat verschoof kantelde ook zijn innerlijk evenwicht en moest ik kleiner worden.

In mijn werk kon ik dat patroon met verve inzichtelijk beschrijven, met meer empathie voor het positieverlies van mannen dan menige feminist lief was. Maar die inzichten hadden in mijn privébestaan nauwelijks sturende kracht. Het was alsof we opgesloten zaten in een krachtenveld waaruit we niet konden ontsnappen.

Ik hield dingen onzichtbaar voor de buitenwereld, maar die konden ook zo goed onzichtbaar blijven omdat het gezin als privédomein wordt beschouwd. Ook de feministische blik was lange tijd op de buitenwereld gericht: op de maatschappelijke positie van vrouwen, de ongelijkheid in het publieke domein, de wetten en de regels. Wat zich achter de muren van het privédomein afspeelt blijft aan het oog onttrokken. En al zien mensen soms een verontrustende glimp, ze willen zich er liever niet ongevraagd mee bemoeien, niet hun vingers branden aan andermans gedoe. Maar hoort het niet bij vriendschap om dat wel te doen, vraag ik me nu af, de ogen en stemmen van vertrouwde anderen kunnen zo belangrijk zijn. Ik kan nu pas ervaren hoe alleen gelaten ik me soms voelde, iets wat ik, net als boosheid, met enige vertraging toelaat. Openbreken, die benauwde veste, bepleit Lotte Houwink ten Cate in haar boek *De mythe van het gezin*.

Om me heen zie ik boeken verschijnen van jonge vrouwen die zich weer richten op dat private gebied van de intieme relaties en hoe het patriarchaat daarin doordringt. Toen ik eind jaren tachtig hoogleraar vrouwenstudies werd was de feministische blik sterk gericht op dat privédomein. Moederschap, geweld tegen vrouwen, abortus: dat waren de thema's van toen. Die worden nu weer opgepakt en opnieuw belicht, want de karrensporen van het patriarchaat blijken veel dieper en onverwachter door te werken dan we vroeger konden vermoeden.

42

Ik dwaal vaak door het huis, in wisselende stemmingen. Ik zie wat zich in het afgelopen jaar voltrokken heeft. Zijn werkkamer is voor mij nog steeds moeilijk begaanbaar gebied. Ook hier is inmiddels veel gebeurd: archieven zijn ondergebracht, kasten weggehaald, ruimte geschapen. Delen van hem blijven: zijn bureau, de zwarte ronde tafel waar hij zo aan gehecht was, nog uit de tijd van zijn eerste huwelijk, de grote boekenkast met literatuur die een wand beslaat. Maar er begint zich tussen de dozen en kasten een nieuwe ruimte af te tekenen die met ander leven gevuld kan worden. Jonge mensen die daar zitten te werken? Een schildersatelier? Vroegere beelden van mijn huis in de Noorderstraat waar in het souterrain tijdschriften werden gemaakt beginnen zich in dit huis te nestelen. De kamer begint zich voorzichtig te openen, de schuifdeuren kunnen op een kier. De poes heeft haar plek achter het raam weer ingenomen.

Ruimte maken, ruimte laten luidt de titel van een van de bekendste boeken van de architect Herman Hertzberger. Het gaat bij mij nu om ruimte krijgen, om ruimte nemen. Ruimte in het huis, ruimte in de relatie, wat me bij leven niet goed afging. Het huis en ik beginnen meer een geheel te worden.

Dat geldt ook voor ons huwelijk. Ik voel me nog in gesprek met hem. Of weer opnieuw: onze gesprekken waren stilgevallen. Ik zou hem nog iets willen zeggen wat me in die laatste fase van zijn leven niet meer lukte. Dat ik veel van hem gehouden heb. Dat ik weer meer contact heb gekregen met zijn leuke en lieve kanten, maar ook met zijn wanhoop en eenzaamheid. Dat ik zie hoe hij zijn best heeft gedaan en leed onder het gevoel tekort te schieten. Het onvermogen. Dat we het echt geprobeerd hebben en het ons niet gelukt is. Ik zou zijn hand pakken en we zouden voelen hoeveel we ook samen gehad hebben. De verbinding ervaren, al zou dat woord direct door hem in de ban zijn gedaan.

*

Het was een jaar van verwerking, materieel en psychisch. Ik begon uit mijn schulp te kruipen. Plaats van handelen was het huis. Mijn bewegingen in de buitenwereld bleven beperkt, in de binnenwereld gebeurde er veel: heftige wisselingen van stemming, geen huid, scherp afgesteld. Er waren mensen die niet te dichtbij mochten komen, omdat ik ze als te indringend ervoer, ongevraagd te meelevend. Anderen waren welkom, ankers in het bestaan. Ik reageerde allergisch op mensen als ik me genegeerd voelde of klein gemaakt. Soms dacht ik dat het leven, een ander leven, schoorvoetend weer kon beginnen, maar dan tuimelde ik weer onverwacht snel in een diepe kuil, afgestraft voor mijn overmoed. Het is een tussengebied tussen dood en leven, verdwijnen en weer opbouwen. Er wordt een nieuw weefsel gevormd met oude en nieuwe elementen. Het voelt goed dat ik in het huis gebleven ben en het oude een nieuwe plaats kan geven en laten doorwerken in het heden. Er lopen draden door, er komen nieuwe bij, sommige intensiveren.

In mij loopt ook van alles door. Ik voel vaak de behoefte hem even te bellen als ik ergens ben aangekomen, in een andere stad, een ander land. Laatst kocht ik zelfs zonder erbij na te denken een lekker Italiaans salamiworstje waar hij zo van hield, er waren weinig dingen waar je hem zo blij mee kon maken. Het ligt in de ijskast, te wachten. Toen laatst zijn koffieapparaat bezweek – voor filterkoffie, van de firma Braun, een strak model – kocht ik zonder nadenken een nieuw, al maakte ik altijd andere koffie, uit het Senseoapparaat, die vond ik lekkerder. Hij vond dat maar niks: dat was geen echte koffie. Koffie was voor hem filterkoffie, uit dit apparaat. Grote gesprekken gingen we uit de weg, maar we hielden vast aan onze eigen koffie. Het Senseoapparaat is de deur uit, het smaakt me niet meer. Het nieuwe filterapparaat kan nog lang mee.

*****

Epiloog

Laag voor laag komt terug. Het verhaal ontwikkelt zich, leeft onder mijn handen, krijgt andere belichting en accenten. A wordt vollediger: wie hij voor mij was, hoe hij werd, waar ik van hield, zijn verontrustende kanten. Het huis herbergt alle fasen, als een archief waarin ons leven ligt opgeslagen, voor een deel ontoegankelijk geworden maar gaandeweg zich openend.

Ik krijg weer contact met hem. En met mijzelf: ik zie het kind dat ik was, veel op mezelf, fietsend langs de Amstel, op Terschelling naar de Boschplaat, dagboek, spaarpot voor latere reizen. Verlegen en ondernemend. Ik voel weer de dromen als opgroeiend meisje: zittend in een zonnige kamer, met uitzicht op bomen, het licht valt binnen, ik schrijf, heb goede vrienden met wie ik het leven deel.

Ik zie de kansen die ik heb gekregen om als vrouw het publieke domein te betreden, om een professioneel leven op te bouwen, ook als je kinderen hebt. Geen uitgerolde loper, veel hordes te nemen. Maar het leven binnenshuis bleek nog veel ingewikkelder dan buitenshuis, niet alleen praktisch – het eeuwige regelen en improviseren – maar ook emotioneel: hoeveel ruimte mag ik innemen, moet ik een toontje lager zingen, hoe een evenwicht te vinden tussen botsende verlangens. Ik zie helderder hoeveel er van mezelf in de loop der jaren in de binnenwereld onder water raakte, vervaagde. En hoe dat weer geleefd wil worden. Mijn leven gaat geleidelijk meer samenvallen met oude dromen: mijn eettafel, daaromheen vrienden met wie de dingen worden besproken, open, vrolijk, ernstig, liefdevol, zoals het ook was in de begintijd met A voordat andere krachten het overnamen. Het licht valt het huis binnen. Mijn plaats is opgeschoven: nu heb ik vaak jongere mensen om me heen, ik geniet van die positie.

Van huis uit heb ik een beduchtheid meegekregen voor wanklanken en misnoegen, een neiging confrontaties te vermijden. Ik herken deze houding bij mijn zusjes en vriendinnen met een vleug Indische achtergrond – mijn moeder komt uit Indië. Buigend bamboe, zoals een van hen dit typeert, meegaand, welwillend, ook licht ondoordringbaar. Maar ook taai, voegt ze er aan toe. En ja, ook dat laatste is waar. Ik heb al vroeg in mijn leven vluchtplekken gecreëerd als mijn moeder het niet aankon, zoals mijn tante Marie en eigen eilanden met bezigheden. Daar zijn vrienden bij gekomen, werk, kinderen, het huisje in Egmond, muziek, schrijven. Voedingsplekken.

Het schrijven was een vorm van onderzoek, van ontdekken hoe het geworden is, hoe onze dynamiek zich voltrok. Waar ik voor stond, wat ik gedaan heb, wat nagelaten, met welke gevolgen. Wat het me gebracht heeft, en gekost. Hoe het is om te rouwen om een geliefde met wie voor mij steeds moeilijker te leven viel. Het werpt licht en is daarmee verlichtend. Het legt open. Het is ook een vorm van verzet tegen mijn eigen beklemming en vervaging in de binnenwereld die me voor mezelf en anderen onbereikbaar kon maken.

Maar met dat schrijven doe ik iets: het geeft vorm aan ongeordende ervaringen die nog niet verwoord liggen opgeslagen. Mijn boek gaat ook over pijnlijke ervaringen. Het is confronterend, ook voor de kinderen. Hun relatie met hem is een ander verhaal: ze hadden een andere band met hun vader dan ik als vrouw, als echtgenote. Onze band was belast door zijn angst overweldigd te worden, en zijn angst voor verlating. In zijn relatie met de kinderen legde dat, naar mijn gevoel, minder gewicht in de schaal: ze hoefden minder op afstand te worden gehouden. Hij was een man met veel gezichten: scherpzinnig, humoristisch, zorgzaam, maar ook een gekweld mens waar ik als nabije ander het meest mee van doen had. Dit boek is geen portret van hem, maar een beschrijving van hoe onze liefde steeds vaster kwam te zitten in de karrensporen van het verleden die ons gevormd hebben, in ons eigen leven en in de patriarchale cultuur waarin we zijn grootgebracht.

Het is, deels, een pijnlijk verhaal: kan ik dit wel doen? Ik voel mijn behoedzaamheid, en daarnaast het verlangen daar uit te treden. 'Durven is even je evenwicht verliezen, niet durven is jezelf verliezen', een bekend citaat van Kierkegaard dat aan komt waaien en voor mij de kern raakt: de duizelingen die ik voel als de vaste grond van oude houdingen en gewoonten verdwijnt, maar ook wat er voor mij op het spel staat: de vervaging, de terugval in angstvalligheid. Schrijven, lees ik in *De prijs die we betalen* van de Israëlische schrijver David Grossman, is 'het verzet van de ziel tegen de bange verkramping van onze geest'. Schrijven schept ruimte om uit die verkramping te raken en de losgeraakte delen bij elkaar te voegen tot een samenhangend geheel. Tot een verhaal dat ook door anderen herkend wordt, in de eigen varianten, rond de eigen thema's – de betekenis van plek en dingen, het innemen van plaats, de spanning tussen autonomie en verbondenheid, de taaiheid van genderongelijkheid, de doorwerking van het verleden. 'Het is nodig om de geschiedenis te kennen om je ervan te bevrijden,' schrijft de Franse socioloog Pierre Bourdieu, 'zodat je niet meer aan haar onderworpen bent zonder dat te weten, of haar herhaalt zonder dat te willen.'

Ik heb geprobeerd woorden te geven aan moeilijk benoembare ervaringen die ongezien voortbestaan en hun schaduw werpen op het intieme leven. Zolang ze onbenoemd blijven, blijven ze in de schaduw hun werking houden. Het niet welgevallige kan alleen verschijnen als daar ruimte voor kan worden gemaakt, schrijft literatuurwetenschapper Rosemarie Buikema in *De Elementen*, een briefwisseling met de schrijfster Manon

Uphoff. 'Er is een stevige humuslaag nodig waarin onwelkome kennis en onwelgevallige inzichten verder kunnen rijpen, wortel kunnen schieten [...]. In de composthoop van gezamenlijk gedragen verhalen [kunnen deze] een vorm vinden en herkenbaar, onpersoonlijk worden.' Het persoonlijke verhaal ontstijgen.

Dat het een verhaal over rouw was werd voor mij steeds voelbaarder. Over rouw die bemoeilijkt werd door het ontbreken van een afscheid, van contact over het geleefde leven, over wat wij samen hadden, over de kinderen, over hoe wij verder zouden gaan zonder hem. Een verhaal over rouw om iemand die bij leven al voor mij verdween, overheerst als hij was door de rouw om zijn jong overleden zusje. Haar graf houd ik in stand, dat deel van zijn verleden blijft bij hem horen.

Uit alle macht heeft hij zijn leven, met al zijn talenten, opgebouwd, veel erkenning gekregen, bewondering geoogst. Van buiten. Van binnen bleef het een broos bouwwerk dat na zijn pensioen voor een belangrijk deel instortte. Tot een 'melancholische stilstand' gekomen, een woord dat voor mij de lading van de laatste fase van zijn leven dekt. Een stilstand die bij chronische rouw ontstaat die het verloren object in leven houdt en tot centrum van het leven maakt, aldus de Italiaanse psychoanalyticus Massimo Recalcati in *Het licht van de dode sterren*. Een inzicht dat verheldert wat ik lang niet goed begreep. Hij was een bezet mens, de plaats en betekenis van het overleden zusje namen de volledige ruimte in beslag. Er was geen plaats voor mij, voor wie ik was, voor hoe ik werd. Zolang hij hoopte dat ik in het gemis van zijn zusje kon voorzien paste het, maar toen ik daarbuiten trad verbrak hij het contact. Toen kregen patriarchale trekken de overhand, een te lomp woord voor de ruimte die hij nam en kreeg, voor die complexe menging van mij steunen en kleineren, van bijval en ondergraven. Het is ingewikkeld rouwen om iemand die zo ongrijpbaar was, en liefde en genegenheid – van mij, voor mij – zo moeilijk toeliet. Het schrijven is tegelijk een terughalen wie hij ooit was, ervaren in welke beklemming hij zelf steeds meer raakte, wat dat met mij deed, wat ik daarmee deed, maar ook het loslaten van de greep van dat verleden.

Het opruimen van het huis was het fysieke deel van de rouwarbeid zoals Freud dit proces noemt, nodig om het leven het weer te kunnen laten overnemen. Zijn spullen vormen sporen van zijn leven, met hun eigen geschiedenis en betekenis. Ze zetten hun leven voort, bij de kinderen, bij anderen, in archieven. En bij mij in het huis: zijn bureau, de tafel waarvan hij zo hield, de stoel waarop hij zat, het koffieapparaat, de leren schoudertas die hij altijd droeg, de foto's aan de muur. Hij blijft aanwezig. Hij hoort bij het leven in dit huis.

Het huis heeft zich herschikt, opent zich voor verder leven. Soms is het opeens weer werend. Toen ik voorjaar 2024 terugkeerde na een maand in Perugia te zijn neergestreken om ver van alle ogen en stemmen mijn boek af te ronden voelde het leeg en groot. Pas toen er weer leven in huis kwam, mijn zoon, zusje, een vriend, vriendinnen, werd het huis weer licht en eigen. Ik kon het even niet op eigen kracht. Het huis is een personage met wie ik een nieuwe relatie opbouw. Dat gaat niet vanzelf.

Werkend aan dit boek heb ik A, en ons, naar me toegeschreven, betekenis gegeven aan de stroom van beelden en herinneringen en helder gekregen wat ik daarvan bij me wil houden, en wat ongevraagd bij me blijft. Ook dat is rouwarbeid. De vervreemding verdween. De verwondering blijft.

Zo had ik het boek willen eindigen, netjes afgehecht. Het proces voltooid. Huis en huwelijk op orde gebracht. Zo is het geworden, zo is het gegaan. Maar steeds weer stuit ik op nieuwe lagen.

Steeds opnieuw een herschikking van beelden en banden. Ook van mijn relatie met hem. Soms is de vervreemding opgeheven, soms komt deze weer terug. Soms is er opeens weer verbijstering over hoe het is gegaan. Het gesprek met hem en het huis gaat door. De tekst heeft een eigen uitwerking.

'Jullie pasten niet bij elkaar,' zegt mijn zusje. 'Ooit wel,' zei ik peinzend, 'ooit hadden we elkaar veel te zeggen.'

Egmond/Amsterdam 2022-2024

Dankwoord

Veel dank aan de vrienden en bekenden die me, werkend aan dit boek, te woord hebben gestaan: aan hun herinneringen en inzichten heb ik veel gehad.

Een groot aantal mensen hebben dit boek, in verschillende stadia, meegelezen, sommigen zelfs verschillende versies. Ik ben ze daar zeer erkentelijk voor, het heeft het boek en mij goedgedaan. Ik noem ze in alfabetische volgorde:

Margo Andriessen, Jet Bakels, Barbara de Beaufort, Jolanda van den Berg, Sanne Bloemink, Kees Bruin, Jeanne de Bruijn, Barbara de Clercq-Brinkgreve, Rosemarie Buikema, Rineke van Daalen, Trudy Dehue, Just van Es, Martine Groen, Hanneke Heeremans, Sandra, Laura, Daan en Thomas Heerma van Voss, Koen Hilberdink, Lotte Houwink ten Cate, Marli Huijer, Ilse Josepha Lazaroms, Maite Karssenberg, Veronie Koopmans, Herro Kraan, Simone Logtenberg, Marita Mathijsen, Dieuwertje Mertens, Maaike Meijer, Nelleke Nicolai, Maud Peereboom, Arjan Post, Maya Rasker, Winnie Sorgdrager, Mieke van Stigt, Arielle Veerman.

Speciale dank gaat uit naar mijn zusje Clara en mijn vrienden Eric Koenen en Anne-Mei The voor hun niet-aflatende betrokkenheid bij dit boek, in alle fasen.

Veel dank ten slotte aan Marcella van der Kruk, mijn uitgever en redacteur: haar vertrouwen in dit boek en haar inhoudelijke commentaar zijn voor mij van grote waarde geweest.

Genoemde boeken

Lisa Appignanesi, *Alledaagse waanzin. Over rouw, woede, verlies en liefde*. Amsterdam: De Bezige Bij 2018

Julian Barnes, *Hoogteverschillen*. Amsterdam/Antwerpen: Atlas Contact 2013

Pierre Bourdieu, 'Sur les rapports entre la sociologie et l'histoire en Allemagne et en France', *Actes de la recherche en sciences sociales*, nr. 106-107, 1995, pp. 108-122, citaat p. 117

C. Brinkgreve, J.H. Onland, A. de Swaan, *Sociologie van de psychotherapie 1. De opkomst van het psychotherapeutisch bedrijf*. Utrecht/Antwerpen: Het Spectrum 1979

Christien Brinkgreve, i.s.m. Michel Korzec, *Margriet weet raad. Gevoel, gedrag, moraal 1938-1978*. Utrecht/Antwerpen: Het Spectrum 1978

Christien Brinkgreve, *De belasting van de bevrijding*, Nijmegen: Sun 1988

Christien Brinkgreve, *Ik heb ook een verhaal. Het leven van Sjuwke Brinkgreve-Kunst verteld aan haar dochter Christien*, 2008

Geurt Brinkgreve, *Mozaïek van mijn leven. Herinneringen 1917-2005*. Apeldoorn/Antwerpen: Het Spinhuis 2006

Joan Didion, *Het jaar van magisch denken*. Amsterdam: Prometheus 2006

Annie Ernaux, *De jaren*. Amsterdam/Antwerpen: De Arbeiderspers 2020

Jon Fosse, *Zo was het*. De Nieuwe Toneelbibliotheek 2021

David Grossman, *De prijs die we betalen*. Amsterdam: Cossee 2023

Arend Jan Heerma van Voss, 'De baas is de basis', *Maandblad Geestelijke Volksgezondheid*, december 1974

Arend Jan Heerma van Voss, 'Dennendal: een gevecht tussen reglementen en verbeelding', *Haagse Post*, 9 februari 1974

Arend Jan Heerma van Voss, *Dokie. Een familiebericht.* Amsterdam: Van Oorschot 2012

Thomas Heerma van Voss, 'Brief aan Mavis, de kat van mijn vader', *Trouw* 24 december 2022

Herman Hertzberger, *Ruimte maken, ruimte laten. Lessen in architectuur.* Rotterdam: Uitgeverij 010 1996

Judith Herzberg, *Beemdgras.* Amsterdam: Van Oorschot 1968

Judith Herzberg, *Zoals.* Amsterdam: De Harmonie 1992

Lotte Houwink ten Cate, *De mythe van het gezin.* Amsterdam: Pluim 2024

Rutger Kopland, *Een lege plek om te blijven. Plaatsen/passages.* Amsterdam: Van Oorschot 1975

Deborah Levy, *De prijs van het bestaan.* Amsterdam: De Geus 2020

Hilary Mantel, *De geest geven.* Amsterdam/Antwerpen: Atlas Contact 2017

Eva Meijer, *Het witste woord.* Amsterdam: Cossee 2023

Moederboek, Amsterdam: Uitgeverij De Bonte Was 1976

Maaike Meijer, *Radeloze Helden.* Amsterdam: Atlas Contact 2023

Wil Portegijs, *Eerdaags evenredig? Belemmeringen en beleid ten aanzien van de doorstroom van vrouwen naar hogere wetenschappelijke functies*, Den Haag: Ministerie OCW 1998

Massimo Recalcati, *Het licht van de dode sterren. Over rouw, verdriet en troost.* Amsterdam: De Bezige Bij 2023

Rosemary Sullivan, *Het verraad van Anne Frank,* Amsterdam: Ambo/Anthos 2022

A. de Swaan, R. van Gelderen, V. Kense, *Sociologie van de psychotherapie 2. Het spreekuur als opgave.* Utrecht/Antwerpen: Het Spectrum 1979

Manon Uphoff en Rosemarie Buikema, *De Elementen. Een briefwisseling*, Utrecht: Centraal Museum 2023

Vasalis, *De oude kustlijn,* Amsterdam: Van Oorschot 2002

Marjoleine de Vos, *En steeds is alles er. Over missen en herinneren.* Amsterdam: Van Oorschot 2023

Virginia Woolf, *The Angel in the House,* uit lezing over 'Professions for Women', Londen 1931. https://www.literaturecambridge.co.uk/news/professions-women
Virginia Woolf, *Moments of Being/Ben ik een snob?* (vertaling), Amsterdam: Uitgeverij Het Moet 2024